D・カーネギー
マンガで読み解く
道は開ける

DALE CARNEGIE

原作：デール・カーネギー
脚本：歩川友紀
漫画：青野渚・たかうま創・永井博華

創元社

マンガで読み解く　道は開ける

❖

目　次

主な登場人物

第1話
岩木博昭（いわき ひろあき／36歳）

「スーパーIWAKI」オーナー　父親が急死し、地場の小さなスーパーの経営を受け継いだ二代目オーナーだが、優柔不断で今ひとつ仕事に身が入らない。そうしたなか、大手資本の大規模ショッピングセンターが進出してくることに……。

第2話
坂本利枝（さかもと りえ／41歳）

主婦　若くして夫に先立たれたショックで、葬儀が終わった後からひきこもりがちになってしまう。世話焼きの義妹によって外に連れ出され、いろいろな人と接するうちに、少しずつ生きる気力を取り戻していく。

第3話
神部みどり（かんべ みどり／19歳）

女子大学生　幼少の頃から自分の容姿に強いコンプレックスを抱き、人のことをうらやんでは「どうせ私には……」とあきらめがちな性格。偶然出会った男子学生との出会いをきっかけに、今まで考えもしなかった世界に一歩を踏み出す。

第4話
大塚　仁（おおつか ひとし／28歳）

ソフトボールチーム監督代行　恩師に仕事を紹介してもらう引き替えに、子供会のソフトボールチームを指導することになった元高校球児。選手時代の経験を活かして熱心に取り組むが、母親たちから集中攻撃を浴びてしまう。

第5話
村田　聡（むらた さとし／34歳）

マッサージ店「Rの二乗」オーナー　独特の施術方針で評判のマッサージ店には、老若男女さまざまな疲れや悩みを抱えた客が来店する。まるで吸い寄せられるようにやってくる疲れ切った人々に、若いオーナーは一風変わったアドバイスをしていく。

第1話

❖

悩みの正体をつきとめる

まとめ

「悩みに関する基本事項」
「悩みを分析する基礎技術」

スーパーIWAKI
家族の人数によってニーズが異なるからと
同じ商品のサイズ違いを揃えてみましたが
商品の動きは悪いですね
スーパーIWAKI事務室
でもなあ…
スーパーIWAKI
オーナー
岩《いわ》木《き》博昭《ひろあき》（36）
この店に欲しいサイズの商品がないと思われると
そのお客さんはもう来てくれなくなるような気がするんだ
ですがスペースにも限りがあります
もっと有効に活用すべきでは…
スーパーIWAKI
経理担当
水口《みずぐち》亜《あ》矢《や》子《こ》（28）

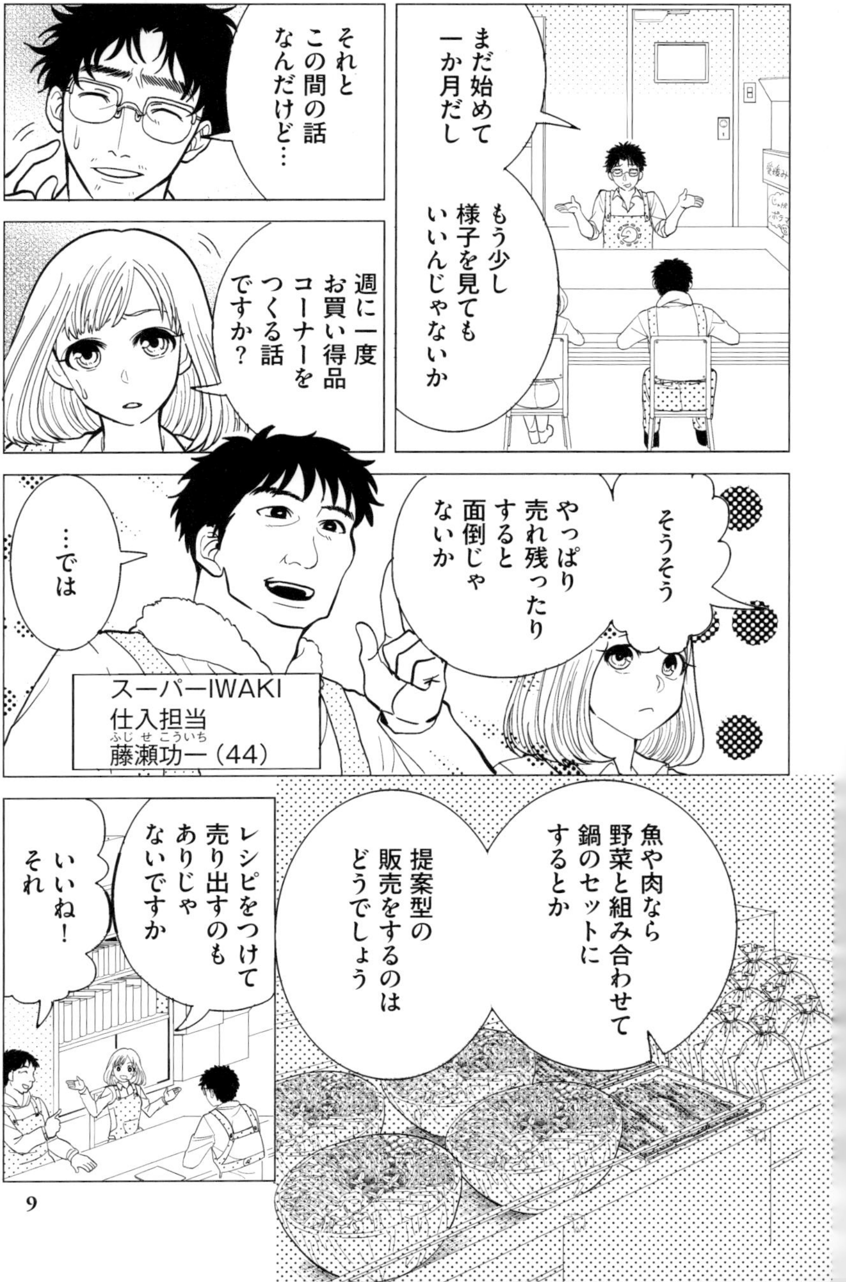
まだ始めて一か月だし
もう少し様子を見てもいいんじゃないか
それとこの間の話なんだけど…
週に一度お買い得品コーナーをつくる話ですか？
そうそう
やっぱり売れ残ったりすると面倒じゃないか
…では
スーパーIWAKI
仕入担当
藤瀬《ふじせ》功一《こういち》（44）
魚や肉なら野菜と組み合わせて鍋のセットにするとか
提案型の販売をするのはどうでしょう
レシピをつけて売り出すのもありじゃないですか
いいね！それ

写真とかイラストが入ってると購買意欲をそそりませんかね
うーん…
それじゃあ
ガタッ
予算のこともあるし次のミーティングまでに
藤瀬さんと水口さんでもう一度アイデアをまとめてみてよ
…だってさ
もうしっかりしてくださいよ！
岩木さんより藤瀬さんのほうが年上なんだから
そう言うなよ亜矢子ちゃん
オヤジさんが急に亡《な》くなって独り立ちしたようなもんだから
不安もあるし戸惑いもあるだろうよ

お客さん
産直の野菜はいかがですか
最近イマイチだよ あんたのとこの野菜
や やだなあ やめてくださいよ
産地から今朝届いたばかりなんだから
見るだけでも見て行ってください
お客さん 今日は鮮魚コーナーが特売ですよ
さっき見たけど量が多いよ
うちは私一人だから

冷凍しておけばいいじゃないですか
魚ばかりじゃ飽きてしまうよ
そんなことよりあんたのとこもこれから大変だねえ
何がです？
おいしーいラーメン
198
おやあんた
聞いてないのかい？
大変だ！
岩木の妻
岩木若奈《わかな》（33）
駅前のマンションが老朽化で取り壊しになっただろ

そうですね
更地《さらち》になってずいぶん経つけど
その跡地にスーパーを併設したマンションが建つらしい
そうなんですか
しかも
地下一階から四階までがスーパーで
ああああああ
フードコートや百円均一の店みたいな専門店も入るそうだ…
へえ…
はあ゛あ…
なんだよ〜若奈他人事みたいに…
そんなのができたら商売あがったりだよ

駅前通
岩木不動産
早いなぁ
兄貴は競合相手がオープンする前にもう戦意喪失なんだ
岩木の弟
岩木不動産オーナー
岩木紘矢《ひろや》（33）
そうなの
お客さんが減って売り上げが落ちたらどうしようとか
値引き合戦になったら大手に勝てっこないとか…
見ていられないぐらいの落ち込みようで…
兄貴はすぐ悲観的になるからなぁ

＊宅地建物取引士の略称。宅地建物取引士資格試験に合格し、都道府県知事の登録を受け、宅地建物取引士証の交付を経て得られる国家資格。

うちの人に
アドバイスして
あげてくれないかな
余計な
お節介は
できないよ
カチャ
兄貴が相談に
来てくれれば
話は別だけど
あの兄貴が
相談ねぇ…
あ
そうだ
ガタ ガタ
これ
貸しとくよ
スッ
『道は開ける』？
悩みや困難を
克服したいと
思った時に
役に立つ本
なんだ
よければ
兄貴にも
すすめてあげて

工事中
ただいま…
お帰りなさい
ドサッ
晩ご飯の用意できてますよ
悪い
あんまり食欲ないんだ
でも食べないと体に良くないわ

道は開ける
…これは？
ああ
紘也さんが 貸してくれたの
コトリ…
悩みや困難を 克服したいと 思った時に
役に立つ 本なんだって
へえ…
読むだけで たちどころに 悩みが消えて なくなるってわけか
トサッ
そりゃ素晴らしい

いえ それは…
今の僕が知りたいのは どうすれば店を繁盛させられるか
そういう画期的で具体的なアイデアなんだ
悪いけど
そんな御託《ごたく》に付き合ってるひまはないよ
ああ…
心配してくれてるのに ごめん
今のは僕が言いすぎた

ちょっと考えがまとまらなくて…
煮詰まってるだけだから
大丈夫…
大丈夫だから
うう…
うう…
ムクリ…

工事中
ギョロッ
ぐわっ
うわああ！
た
助けてくれーっ！
あなた…
あなた…
ハッ
大丈夫？
あ…夢か…
ずいぶん
うなされて
たわよ
帰る時
新しいスーパーが
できる建設現場を
通ってきたんだ
しばらく
それを
眺めてたら
少しずつ
不安に
なって
きてね…
カチャッ
オープンと同時に
ちっぽけな
うちの店なんか
一気に
呑み込まれるん
じゃないかって…

オーナー
大変です
たった今
お客様からうちの
刺身を食べたあとで
お腹《なか》が痛くなり
下痢が
止まらないって
電話が…
まさか…
まだそうと
決まったわけじゃ
ありませんが
食中毒の
可能性も…
食中毒!
バッ!!
少し確認
してきます!!!
もうダメだ…
これで完全にダメだ
お客さんの信用を
なくしてしまったら
商売は続けられない…

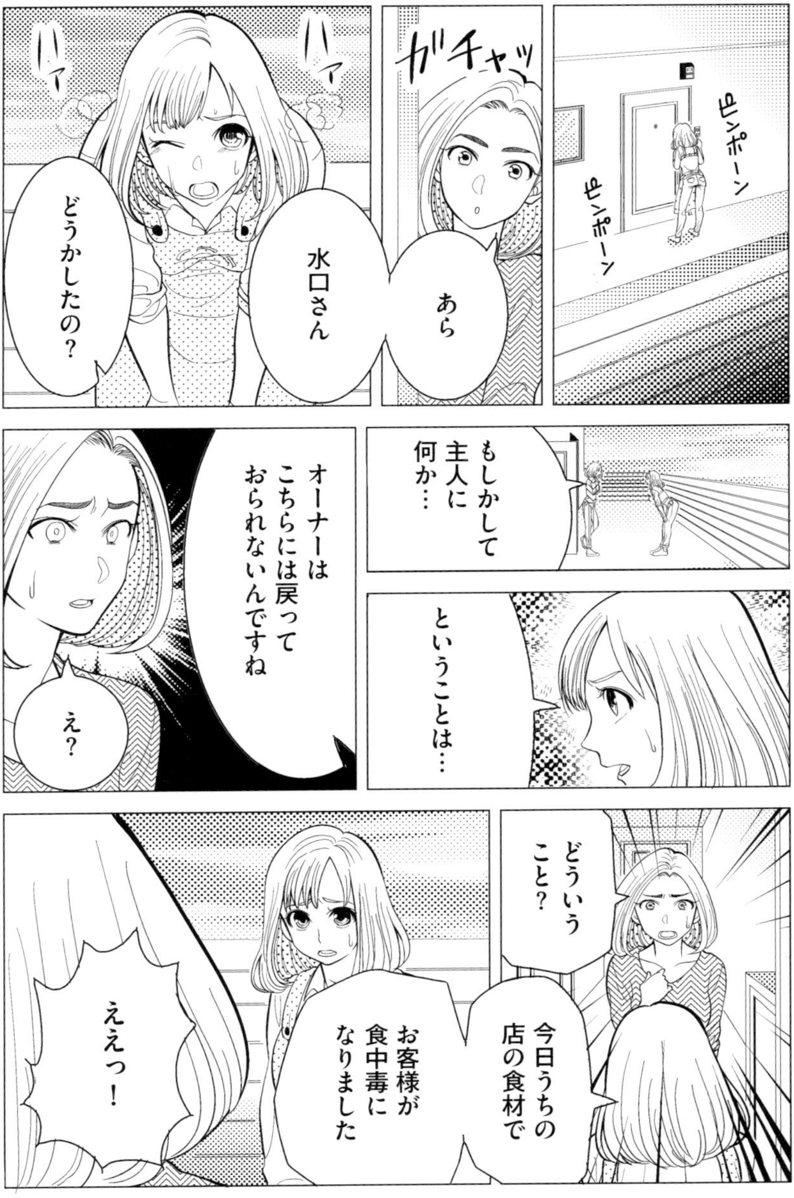
ピンポーン
ピンポーン
ガチャッ
あら
水口さん
ハァ
ハァ
どうかしたの？
もしかして主人に何か…
ということは…
オーナーはこちらには戻っておられないんですね
え？
どういうこと？
今日うちの店の食材でお客様が食中毒になりました
ええっ！

お客様のもとへ謝罪に
うかがったあとに
保健所から職員が来て
しばらく営業停止が
決まったのですが…
いろいろな
事務処理を
している間に
ふと気がついたら
オーナー!?
オーナーの姿が
見えなくなって…
サァァ
どうしよう…
もう何も
考えられない
いや…
いや
考えるだけ
無駄かな…
トキワの

営業停止になった店なんか
誰も来ないし
廃業するか…
『道は開ける　新装版』PART1
「3　悩みがもたらす副作用」
悩みに対する戦略を知らない者は
若死にする。
就職…
いや転職の
情報誌でも
買っとくか…
転職情報誌って
もう書店に
ないのかな〜
いや
でも…
廃業したら
うちで働く
みんなが路頭に
迷うことに
なるんだよなあ…
悩んでいる
オススメ本!!
!

＊『道は開ける　新装版』PART 1「1　今日、一日の区切りで生きよ」に初出の文章。

僕がアップテンで
こっちがポ
おいおい
ポってなんだよ
いや
そんな
感じでしょ
どう見ても
どんな
印象だよ
きょと
すみません
うるさかった
ですか？
いやいや
そんなこと
ないよ
君たちは
芸人さんなの？
まだ
そこまで
行ってません
今度
初舞台なので
練習してたんです
この時間なら
子供も帰ってるし
サラリーマンの
帰宅時間には
少し早いので
へえ…
偉いなあ…

いえいえ偉くなんかないです
不安だから今やれることをやってるだけです
本番でスベるかもしれませんしそれはわかりません
でもそんなこと考えてもしょうがないですから
あ…
どうしたんです？
僕何か変なこと言いましたか？
いや違う違うごめんじゃましたね
練習がんばって

大手資本の新しいスーパーができるからって一度食中毒を出したからってどうして僕はもうお客さんが来ないと決めつけていたんだろう
僕がやるべきことは不安になることや悩むことじゃないはずだ
スーパー IWAKI
しばらくの間休業させていただきます
ペタッ
『道は開ける 新装版』PART1
「2 悩みを解決するための魔術的公式」
一、「起こり得る最悪の事態とは何か」と自問すること。
二、やむをえない場合には、最悪の事態を受け入れる覚悟をすること。
三、それから落ち着いて最悪状態を好転させるよう努力すること。
やるべきことをやってそれでもダメなら受け入れよう

スペースにも限りがありますもっと有効に活用すべきでは…
最近イマイチだよ あんたのとこの野菜
『道は開ける　新装版』PART2
「4　悩みの分析と解消法」
ガレン・リッチフィールド「（略）次の四つの段階を踏めば、悩みの九割を追い払うことができる。
一、悩んでいる事柄を詳しく書き記す。
二、それについて自分にできることを書き記す。
三、どうするかを決断する。
四、その決断を直ちに実行する」

ガチャ
ただいま
あなた…
心配してたんですよ
どこに行ってたんですか？
ごめんごめん
いろいろ考えることがあって
お食事の用意しましょうか？
ありがとう
でも
あとでいいよ
これからいろいろまとめないといけないことがあるんだ
ギィ…
さあ
しっかり考えるんだ

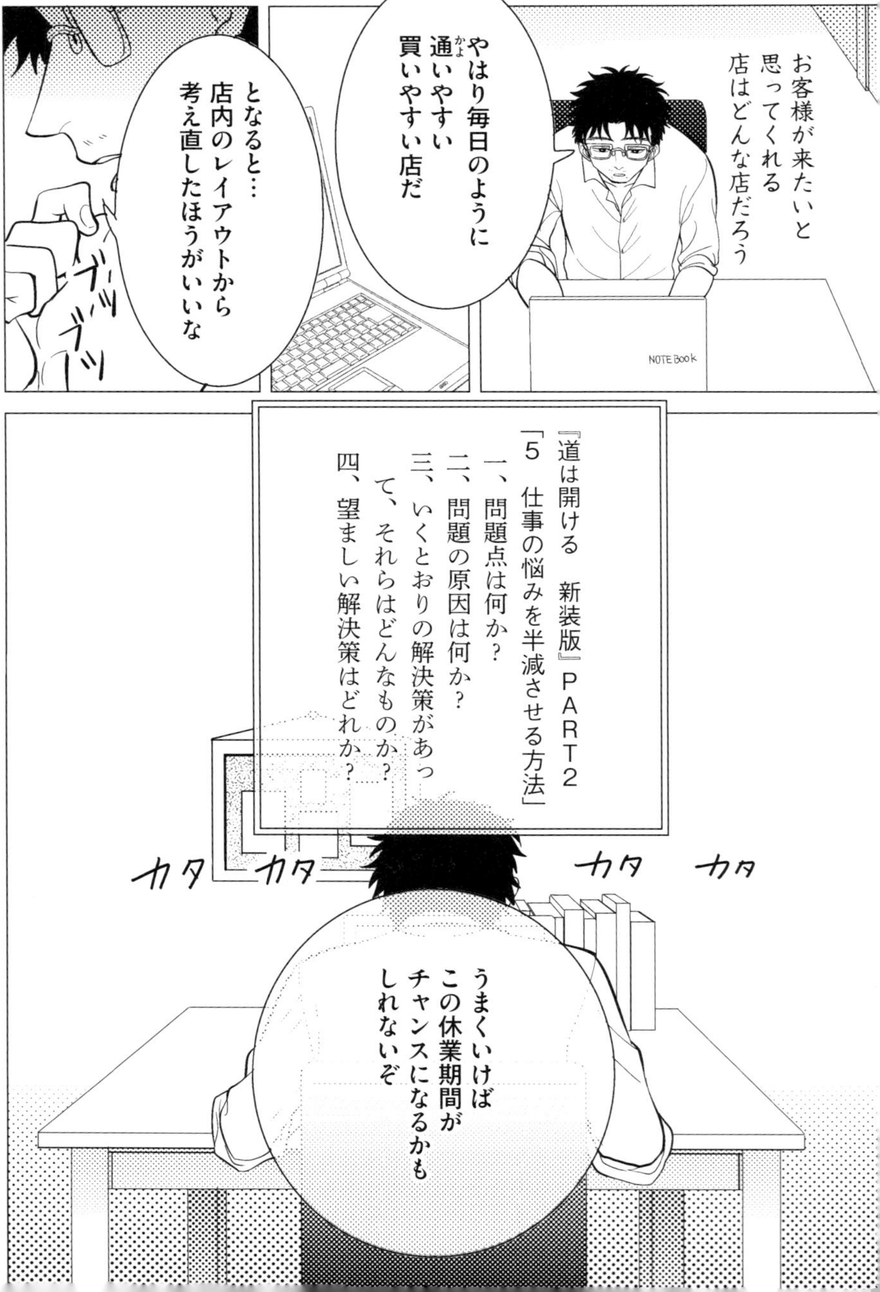
お客様が来たいと思ってくれる店はどんな店だろう
NOTE Book
やはり毎日のように通《かよ》いやすい買いやすい店だ
となると…店内のレイアウトから考え直したほうがいいな
ブツブツ
『道は開ける　新装版』PART2
「5　仕事の悩みを半減させる方法」
一、問題点は何か？
二、問題の原因は何か？
三、いくとおりの解決策があって、それらはどんなものか？
四、望ましい解決策はどれか？
カタ　カタ　カタ　カタ
うまくいけばこの休業期間がチャンスになるかもしれないぞ

スーパー
IWAKI
もう来てたのか早いな
いなくなったと思ったら急に連絡が来たんでびっくりしたよ
私もです
大事な話って書いてありましたけど…
何だろうな?
まさか廃業とかって話じゃ…
ガチャ
すみません遅くなって…
ス…

何の資料ですか？
とりあえず
ざっとでいいから
目を通してください
ペラ
えっ…
こ
これは…
残っている
すべての
食材を廃棄って…
食中毒を
出した店です
お客様にすれば
あまりいい気持ちは
しないはずです
だから一度
リセットしましょう
何もそんな
全部棄《す》てて
しまわなくても…
それぐらいやらないと
僕たちの本気が
お客様に伝わりません
そりゃまあ
そうですが…

あの…店内の改装ってありますが…
おずっ
そうです
そこにも書いてありますがお客様が買い物をしやすいように
店内の通路を広くして値札やポップも大きくわかりやすくします
ペラッ
駐車場も業者さんのスペースだけ残して売り場面積を広げるとありますが…
車で買い物に来られるお客様はほとんどいません
だから思い切ってそのスペースを
談話室のようにお客様に使っていただこうと思っています

イートインみたいなイメージですか？
ちょっとしたライブなんかができるようにするのもいいかなと
音楽とか演芸とか
確かに集客の面ではプラスかもしれません
アイデアは悪くないと思いますが駐車場がまったくないというのもどうかと…
そう思って弟の岩木不動産が扱っている駐車場と提携し
サービス券を発行する方向で話を進めています
P 24時間 1200円
岩木不動産 基本料金 30分 200円
ですが 店内をリニューアルして食材も新たに仕入れ直すとなるとかなりの出費になりますね…

休業中のパートさんたちの補償もしなければなりませんし…
朝から銀行にリニューアル案を見せて融資のお願いをしてきました
だからといって
うまくいくかどうかはわかりません
でも藤瀬さんと水口さんの力を借りてこの店を良くしていきたいと思っています
どうか
よろしくお願いします

コーヒーでも
いれましょうか?
ありがとう
もらおうかな
いよいよ
明日からですね
店内大改装の工事
そうだね
楽しみ半分
不安半分って
感じかな
親父が死んで
そのあとすぐに
お袋も死んで
しっかりしなきゃって
気持ちばかり空《から》回りして
少しもお客様の要望に
応えられてなかった…
いや
それ以前に
お客様の声に僕は
耳を傾けてなかった

今度はそんなことがないようにしないといけないね
私からも報告があります
今日病院に行ってきてわかったことがあります
え？どこか具合でも悪いの？
入院!?
おちついて
違います
あなたのジュニアが私のお腹《なか》の中にいました
本当に？
僕が父親 ど どうしよう…
さあ今度は
ジュニアが生まれるまでにすぐ頭を抱える癖を何とかしましょうね
…そうだね

コラム

D・カーネギーはなぜ『道は開ける』を書いたのか

デール・カーネギー（Dale Carnegie）は一八八八年に米国ミズーリ州の農家に生まれ、州立学芸大学を卒業後、セールスマンなど雑多な職業を転々として苦労を重ねていました。転機になったのは一九一二年で、YMCAの夜間学校で話し方講座の講師になります。成人教育の仕事を軌道に乗せ、人気講師となって業績を伸ばしていく過程で、受講生に切実に求められているのが対人関係の技術だと気づいたものの、適当な教材がなかったため、自前で用意します。最初は一枚の紙片だった教材は、増補と改良を加えられてページを増していきますが、その教材と講義録をもとに出版したのが『人を動かす』です。約半世紀に及ぶ自身の人生経験と、四半世紀にわたって授業の現場で磨き上げた「人間関係の原則」そのものでした。一九三六年に刊行されたこの本は大きな反響を呼び、空前のベストセラーになります。

『道は開ける』英語版原書初版本（1948年版、サイモン＆シュスター刊）

『道は開ける』邦訳初版本（1950年、創元社刊）

　一躍人気作家となったカーネギーは、大きな成功にもたゆむことなく、次の書籍の執筆準備に取りかかります。受講生たちは人間関係の問題だけでなく、各人各様の「悩み」を抱えていましたが、それらの悩みを解消するための適切な本や教材がないことに愕然とし、自らの手で書こうと決意しました。その方法は、『人を動かす』を著した際と同じく手間暇をかけたもので、古今東西の膨大な伝記を読み込み、各界の著名人にインタビューをしつつ、受講生相手に授業での実践と検証をつづけて、内容を練り上げていきました。そうして一九四八年に出版されたのが『道は開ける』です。『人を動かす』と、その続編として世に出た『道は開ける』は、カーネギーの没後も二大名著として評価され、今なお新たな読者を獲得している驚異的なロングセラーですが、長い年月を費やして紡がれたその内容に時代の風雪にも揺るがない普遍性があったからこそ、現代においても世界中の人々の救いの書として生きているのです。

まとめ
「悩みに関する基本事項」「悩みを分析する基礎技術」

はじめに

原著の『道は開ける』は、初版の刊行からおよそ七〇年にわたり、日本語版（邦訳）だけで三〇〇万人を超える読者に読まれ、日本のみならず世界中で今なお新たな読者を増やしつづけている、稀有なロングセラーです。その一方で、現行版の邦訳『**道は開ける　新装版**』は四〇〇ページを超える重厚な書籍ゆえに、名著と言われて気にはなっているものの、読み通す自信がないなどと感じて避けてきた人が、実際の読者以上に多いだろうと推測されます。実は『道は開ける』という本の分厚さとページ数には意味があるのですが、それはのちほど触れるとしましょう。本書『**マンガで読み解く 道は開ける**』は、そんな大部の原著を、もう少し手軽に親しんでいただくために書き下ろされた本です。日本版オリジナルのストーリーにカーネギーの原則を練り込んで、年齢も職業もさまざまなキャラクターが登場する五つの話で構成しました。本書を通じて、原著に込められた奥深く普遍的なメッセージに触れ、さらに原著に親しむきっかけにしてもらえたらと願っています。

書名に込められた主題

原著の『道は開ける』という日本語版タイトルは、姉妹書の『人を動かす』と同様に、簡潔にして力強い邦題です。どっしりとした風格や、時代の波に影響を受けない普遍性をも感じさせます。ただ、簡潔な分だけ、誤解される余地も生じます。重厚な哲学・思想書ではないかと先入観を抱く人も、これまであったかもしれません。

英語版の原題は『**How to Stop Worrying and Start Living**』といい、直訳するなら「**いかにして悩むことを止め、生活をはじめるか**」となります。この原題には「悩みを止める」と「生活をはじめる」の二つの要素が入っています。後者の「生活をはじめる」は、もう少し丁寧に意訳すれば「人生を切り開く」となり、邦題の『道は開ける』は、原題に込められた二大要素のうちの片方を大きく打ち出したものと解釈できます。

その一方で、「**悩みを止める**」というもう一方の要素は、邦題からは抜け落ちてしまっているため、少し注意を要します。英語版の原題『How to Stop Worrying...』に込められた主題を直訳的に解釈すると、原著は悩みを止めるための「**ハウツー書**」だと考えていただいて間違いないでしょう。要するに、悩みの渦中にある人、悩み癖のある人、苦悩状態を解消したい人を主な対象読者としている本ということです。逆に言えば、もともと悩みのまったくない人や、悩みを克服するすべをすでに体得している人には、特に必要とされない本だとも言えるかもしれません。もっとも、そんな達観をきわめた境地にある人はめったにいませんから、苦境に陥った際は、誰もが一度はこの本に救いを求め、頼ってみて損はありません。現にこれまでも、老若男女を問わず、ほんとうにたくさんの読者がこの本に助けられてきました。その意味で、悩む人すべて、つまりは万人向けの内容と言っても間違いはないでしょう。

読み方に早道なし……

『道は開ける』を座右の書や愛読書とし、苦しい時に何度も読み返して救われてきた多くの人々の間でも、読み方や活用方法は人それぞれで、この読み方が正解といったものはありません。原著者のデール・カーネギーは、『道は開ける』の中で、この本の読み方や使い方について随所で語っていますが、それは私たちほとんどの人にとって非常に厳しいものです。**まず各章を速読せよ、もう一度同じ章を精読せよ、時には読むのを中断して自問自答せよ、本に線を引いたり印をつけたりしながら読め、本を目の前に置いて毎日でも何度でも繰り返し読め、毎月数時間を割いて復習せよ、実践結果を日記につけて記録せよ**——などと。

一度だけさっと飛ばし読みすればいい、とは決して言っていないわけで、このような原著者のメッセージからは、学ぶ側の姿勢を厳しく律する教育者の顔もうかがえます。しかし、読み方よりももっと厳しく、かつ重視していることは、カーネギーが「**絶対条件**」だと述べている次の言葉です。「真剣に学ぼうとする向学心」「悩みを断ち、新しい門出をしたいという固い決意」、そして「私たちの欠点は、無知ではなくて無為なのである」と。本からできるだけ多くのことを学びたいなら、自分の人生に活かしたいなら、向上心と決意と継続的な実践努力が必要だと強調しているのです。

原著者自身がこうまで言うぐらいだから、読み方に早道や近道はないのでしょう。本書『マンガで読み解く 道は開ける』をきっかけにして、次は原著を開いて一度でも読み通してみる。そして、できるならさらに何度も読み返して、自分なりの方法と努力で実践と応用をしていく。それが、一読即解では果たせない、深刻な苦悩や根深い悩み癖を解消するための唯一の方法かもしれません。

＊ ＊ ＊

前置きはここまでとし、この欄では「**まとめ**」と題して、漫画のストーリーに練り込んだ「原則」のおさらいと、原著の読み解き方の一例を挙げていきます。

原著PART1とPART2の意味………✣

原著『道は開ける』の本編は、大きく八つのPARTで構成され、さらに合計二八の章に分かれています。「原則」は章末または本文中に太字などで強調されており、各章の要点把握と、再読や復習などでおさらいするのに便利な体裁になっています。最初の「PART1」は、日本語版では「悩みに関する基本事項」と題され、以下「PART2 悩みを分析する基礎技術」「PART3 悩みの習慣を早期に断つ方法」……と続きます。

英語版原書では、PART1のタイトルに「Fundamental Facts（基本事項）」と付され、PART2には「Basic Techniques（基礎技術）」とあり、ともに基本・基礎であるとの位置づけがなされています。また、原著の序文においても、まずPART1とPART2を読んでもらって、それでも悩みを解消し、新たな啓示が得られなかった人には、本書は何の役にも立たないから屑籠に放り込んでいただきたい、とまで言っています。役に立たないなら捨ててほしいとまで言い切るのは自信の裏返しであり、PART1とPART2の中に収めた五つの章と原則は、原著全体を貫く基本的で最も重要な、悩みを解消するための**「五大原則」**と考えられます。構成上、このPART1とPART2が基本として土台にあり、PART3以降はその基礎の上に乗せていく展開例であり応用編だと解釈していいでしょう。

「五大原則」の即効性

PART1「悩みに関する基本事項」の第1章と第2章は、基本であるだけでなく即効性もある方法で、今まさに悩みの渦中にあり、まずは緊急事態を収拾させたい人に絶大な効果を発揮します。

> 悩みに関する基本事項「1　今日、一日の区切りで生きよ」
>
> **過去と未来を鉄の扉で閉ざせ。今日一日の区切りで生きよう。**

この第1章の原則は、本書二六頁に登場する漫画シーンのように、深い悩みに襲われ、途方に暮れた状態の時に読めば、効き目があるでしょう。

カーネギーは、今日というものが過去と未来とどう違うかをこう説きます。「『今日』は、私たちにとって、かけがえのない所有物である。私たちにとって、唯一の確実な所有物なのだ」。今日だけが、自分に制御可能な所有物だというのです。

続いて、悩みのあまり錯乱するのではなく、第2章の**「魔術的公式」**を使って、まずは落ち着け、冷静になって考えよと諭します。ここで『道は開ける』に頻出する**自問自答式の原則**が登場します。

> 悩みに関する基本事項「2　悩みを解決するための魔術的公式」
>
> **①「起こり得る最悪の事態とは何か」と自問すること。**
> **②やむをえない場合には、最悪の事態を受け入れる覚悟をすること。**
> **③それから落ち着いて最悪状態を好転させるよう努力すること。**

この自問自答式の原則をどう活用するのかを、

本書二九頁の漫画シーンを例に、主人公の岩木になったつもりで考えてみます。①の「最悪の事態」とは、大型スーパーが進出してくることでも、食中毒を起こしたことでもなく、お客様が来なくなることでしょうか。②の「最悪の事態を受け入れる覚悟」とは、岩木にとって店がつぶれることかもしれません。③の「落ち着いて最悪状態を……」――この「落ち着いて」というところが肝要です。まずは混乱した頭を鎮め、冷静にならないと、その先に進めないからです。

続く第3章では、何らかの手を打たないと、悩みは「死に至る病」になると強く警告しています。

> 悩みに関する基本事項「3　悩みがもたらす副作用」
>
> **悩みのために支払う健康への法外な代償を思い起こそう。悩みに対する戦略を知らない者は若死にする。**

カーネギーは、悩みの副作用として「苦悩は人並み外れて頑健な人間をも病気にする」「悩みほど早く女性を老けさせ、気難しそうに見せ、表情の美しさを奪ってしまうものはない」と例示し、健康にも美容にも悪いと言っています。

ＰＡＲＴ２「悩みを分析する基礎技術」に移ると、第4章で悩みの原因を客観的に分析する段階に進みます。それも、ただ本を流し読みするのではなく、**紙に書き留める**などの方法をすすめており、実際に英語版の原書には書き込み欄のような数行分の空白が設けられています。現代で言う**ワークブック式**に近い体裁です。そして、分析を終えた後は実行に移るよう促しています。

> 悩みを分析する基礎技術「4　悩みの分析と解消法」
>
> **①私は何を悩んでいるか？**
> **②それに対して私は何ができるか？**
> **③私はどういうことを実行しようとしているか？**
> **④私はそれをいつから実行しようとしているか？**

本書三〇頁の漫画シーンで、主人公の岩木が自問自答するなら、①では店の経営が危機に陥っている諸状況、②では店を立て直すために自分ができることを一つずつ考え、書き記していく。③④

ではすべきことを具体的に考え、決断し、実行の期限を決めます。考えただけで終わるのではなく、それを実行に移す意志を固めて、計画を具体化することになります。以上の四段階を経れば、悩みや迷いの大半を追い払うことができると言います。

第5章では、仕事上の悩みに限定してはいますが、原因分析から開始して解決策に導くところは、第4章と同様の方法です。

悩みを分析する基礎技術「5　仕事の悩みを半減させる方法」

①問題点は何か？
②問題の原因は何か？
③いくとおりの解決策があって、それらはどんなものか？
④望ましい解決策はどれか？

本書三二頁の漫画シーンでは、主人公の岩木がいよいよ自室にこもって具体策を練っていきます。客商売の基本ですが、岩木はここでようやく顧客目線を獲得しはじめたようで、問題点やその原因、解決策を考えていきます。店舗スペースに限りがあるのに品揃えが適切ではない。通路が狭く客にとって店が使いづらい。売り物の野菜の評判が良くないなど。店舗レイアウトに欠陥があるのかもしれず、仕入れる野菜も業者さんまかせにして、自分の目で確かめることがなかったかもしれません。店舗改装の案を具体的に立て、仕入れる商品を自分で選ぶことも考えているかもしれません。

カーネギーは、第5章の目的を**悩みの「半減」**と謳っており、大風呂敷を広げていず、現実的で正直なところです。そう易々《やすやす》と一気にすべての悩みを解決し、問題を解消できるはずはなく、「まずは肩の荷を半分下ろす」ということでしょうか。

以上が五大原則ですが、本欄の罫線で囲んだ原則は復習用でもあり、本文を繰り返し読んで書き込みを入れたり実践をした分だけ、心身に吸収できる仕掛けです。原著『道は開ける』のこのスタイルにぜひとも慣れ親しんでください。

＊傍線部分は、原著からの引用文で、罫線で囲んだ部分は原著の章末などにまとめられた「原則」です。いずれも出典は『道は開ける　新装版』（創元社刊）。

第2話

❖

悲しみを乗り越える

まとめ

「悩みの習慣を早期に断つ方法」

坂本利枝《さかもとりえ》（41）
義姉《ねえ》さん
大変だったでしょう お疲れさまでした
義妹 安井美樹《やすいみき》（35）
本当に兄のために いろいろしていただいて…
ありがとうございました 少し休んでください

いいえ…
私のほうこそ
いろいろありがとう
ガチャッ
おまたせ
バタン
しゅる
大丈夫かなあ…

何が？
義姉《ねえ》さん
ずいぶんまいってる
みたいだから
そっか…
クンッ
どれぐらいだっけ？
ブォオオォ
何が？
義兄《にい》さんが
入院してたの
三か月
ぐらいかな
覚悟はできてたとは
思うけど
なかなかなあ…
そうね…
たぶん

そんな簡単に割り切れるものじゃないと思うわ
三か月後
坂本 邦彦
利枝
ピンポーン
義姉《ねえ》さんまだそのままにしてるんだわ
ガチャッ
はい
義姉《ねえ》さん
美樹さん
もしかして心配して来てくれたの?
だって義姉《ねえ》さん四十九日のあと電話に出てくれないんだもん

おかまいなく
服
カチャ
ちゃんとご飯食べてる?
うん…
食欲はそんなにないんだけど…
何かあったの?
…最初は遺品を整理したりして忙しくしていたら少しは気がまぎれるかななんて思ってたの
でもね

彼の洋服や靴を見るたびに身に着けていた場面が浮かんできて…
だからって電話にぐらい出てくれたって…
ごめんなさい電話に出るのが怖くなって…
怖い？
そうなの…いろんな人が心配して電話をかけてきてくれるんだけど…
はい坂本でございます
よかったわ～思ったより元気そうで
私だったらとても耐えられないと思って
あ でも泣いてばかりもいられないものね
そうだったのそんなことが…

あの…ごめん
うまく言えないんだけど…
確かに悪意のある
人もいるかもしれない
でもすべてを
拒否するのは違うと思う
心配の種《たね》は尽きない
かもしれないけど
きっと義姉《ねえ》さんに連絡
しようとする人はそんな人
ばかりじゃないから
けど…
じゃあ
思い出してみて
そのなかに
義姉《ねえ》さんを傷つけるために
電話してきた人が何人いた？
『道は開ける　新装版』PART3
「8　多くの悩みを閉め出すには」
「記録を調べてみよう」。そして、こう
自問するのだ。「平均値の法則によると、不安の種になっている事柄が実際
に起こる確率はどのくらいだろうか？」
やっぱりこのまま
家にひきこもって
いるのはよくない
絶対よくないと
思う

ねえ義姉《ねえ》さん
ちょっと早いけど
ランチ行かない?
え　でも…
遠出して
ちょっとだけ
贅沢《ぜいたく》しよ
電車で三〇分のところに
こんなオシャレな
ビストロがあったんだ
新聞に載ってたの
いつか来たいなって
思ってて…
今日あなたが
誘ってくれなかったら
来ないままだった
かもね…

感謝してよね こんな美味しいローストビーフに出会えたんだから
ほんとにね
ソースがまた絶品で…
ニンニクがいいアクセントになってるわね
Mustard
タマネギにすりおろしたリンゴ赤ワインにマスタードも入ってるんじゃないかしら
え？ そんなのわからないよ
その才能どこかで活かしたほうがいいと思うけどなあ
え？
義姉《ねえ》さんがつくってくれたものみんな美味しかったから兄貴がうらやましかったもん
そんなふうに言ってくれるのは美樹さんだけよ
ねえ

こういう食べ物関係のお店で働いてみたら？
無理よ 私なんか経験もないし結婚してからずっと働いてないし
足手まといになるだけよ
そういえば貴文《たかふみ》さんはお元気？
？
ええ…
ほら 以前仕事のことで悩んでたって聞いてたから
ああ…そうなのストレスであまり眠れなくなったことがあって…
どうしてそんなことに…
あの頃主人に目をかけてくれていた上司の方が異動して
職場の人間関係がうまくいかなくなってしまったみたいで
まあ…
自分も他の部署か関連会社に異動させられるかもって…
でも実績を出せば誰も文句は言わないだろうとがんばったんだけど今度はミスがなかったかとか必要以上に神経質になっちゃって…

最後はとうとう眠れなくなって
ある日 車で移動中に不注意で事故を起こしそうになって…
そうだったの…
それで貴文さんはどうやって克服したの?
それがね…
冷や汗をかいたその時にそれまで悩んでたことが急に馬鹿馬鹿しくなっちゃったんですって
『道は開ける 新装版』PART3「7 カブトムシに打ち倒されるな」気にする必要もなく、忘れてもよい小事で心を乱してはならない。「小事にこだわるには人生はあまりにも短い」
ガタン
ガタン
ねえ義姉《ねえ》さん

私　手話サークルに　通《かよ》ってるって話　したっけ？
あら　そうだったの？
よかったら　一度遊びに　来ない？
え？
実はね　義姉《ねえ》さんに紹介したい　人がいるの
ふれあいホール
本日の予
09:00〜13:
14:00〜18:
1階　会議室１
会議室２
大ホール
2階　小会議室　手話教
研修室　研修
実習室
多目的ホール
二階か…
ちょっと早いけど　飯《めし》にするか

いいですね…
なんだ？あまり腹減ってないのか？
いや この店味が薄くて好きじゃないんですよ
バイト募集
■ホールスタッフ
■キッチンスタッフ
を募集しています。
やる気のある方なら未経験でも大
一緒に働きませんか？
■時給
小会議室
はい 注目してください
右手の人差し指と中指を伸ばして口元に近づけてみてください
これが「食べる」という手話です
手話講師
谷由紀美《たにゆきみ》（36）

で この形が「おかわり」です
指文字の「ら」で麺をすする真似をしてみてください
これがラーメンという手話です
はい よくできました
じゃあ 今日はここまで ちゃんと家でも繰り返し練習してくださいね
お疲れー
お疲れさまー
谷先生
この間お話しした…義姉《あね》です
ああ…

初めまして
はいから食堂
すみません 近くにカフェでもあればよかったんですけど
あ 気にしないで
サークルのあとってお腹すくんですよ
だからカフェみたいに気どったところより食堂のほうがうれしい
はい
私 日替わり定食にします
ほら お手々《てて》が止まってるよ
おうどん もう食べないの?

からいから もういらない
うちにも子供が いれば…
少しは違って たのかな… 義姉《ねえ》さん
すみません 谷先生は お子さんを 亡《な》くして らっしゃる のに…
いいんですよ
そんなこと 気にしないで
失礼なことを お聞きする ようですが…
先生はどうやって 息子さんを亡くされた 悲しみを乗り越えられた のですか？

最初…二年ぐらいかな…
やっぱりね… 受け止めることなんて できなかったんですよ
眠れなくなって 食欲もなくて… 何もしていないのに 休まることが全然 なくて…
ギゅっ
でもね…
いつだったか… 全然覚えてないんですけど ある日急に…
悲しいからって ずっとふさぎこんでたら 智也《ともや》はなんて 思うだろうって…
あ 智也って うちの子なんですけど…
それからなんです 何か始めようと 思ったのは
たまたま 市の広報誌に 手話サークルの ことが載っていて
なんとなく 手話をやって みたいなあ って…
え？

先生は手話を始めてから何年なんですか？
うーん
だから三年ぐらいかな
三年！たった三年でそんなに上達するものなの？
うまく言えないけど複雑な指文字を覚えたりすることでそれまでの放心状態から抜け出すことができたの
手話に夢中になって没頭する時間が
智也を亡くしてから初めて味わった心が安らぐ時間だったから…
『道は開ける　新装版』PART3「6　心の中から悩みを追い出すには」
忙しい状態でいること。悩みを抱えた人間は、絶望感に打ち負けないために、身を粉にして活動しなければならない。
ねえ義姉《ねえ》さん

義姉《ねえ》さんも私といっしょに手話を勉強しない？
いや別に今すぐでなくてもいいんだけど…
このままではいけないことはわかっているんだけど…
ぎゅっ
あの…別に手話でなくてもいいんじゃないですか？
とにかく一歩を踏み出してみることが大事なんじゃないかなって私は思います

いや
別に今すぐでなくてもいいんだけど…
踏み出してみることが大事なんじゃないかなって私は思います
そうよね
くよくよしたってあの人はかえってこない…
私は私の未来を歩いていかなきゃいけないんだわ
『道は開ける 新装版』PART3
「9 避けられない運命には調子を合わせる」
避けられない運命には調子を合わせよう。
はいから食堂

バイト募集
ガラッ
あの…
ああ
今日はもう終わりだよ
いえ あの… 表の貼り紙を見たんですけど
まだアルバイトの募集はしておられますか?
数日後
あっ…
これこれ
み商店街

日替わりとそば定《てい》
一つずつお願いします
いらっしゃいませ
ガラッ
義姉《ねえ》さん!
坂本
何してるの?
何してるのって言われても…
ほら
ぼさっとしてないで
日替わりとそば定
お客さんとこ
持ってって
はい
ぽやん
よかったら
あとで家《うち》に寄って

なんか意外！
いつからなの？
谷先生に会った次の日から
前から考えてたの？
ううん バイト募集の貼り紙を見て ちょっとここで働いてみたいと思ったから
そうそう よかったらおそば食べていかない？
パタパタ
えっ
どうぞ お待たせしました
やだ義姉《ねえ》さん 私二杯も食べられないわよ
食べ比べてほしいの
味が違うの？ 見た感じは同じに見えるけど
材料も手間もいっしょなんだけどね
何それ？ まあいいけど…
ずずっ
こっちはマイルドっていうか薄味かな

ずず
もう一つは…
あれ？
味が違う！
だしが違うの？
うぅん
だしも同じなの
え？
何それ不思議…
ふふっ
はいから食堂
え！
今日休むって？
ブブブブッ

そんなこと急に言われてどうしろっていうんだ
今から代わりを探すのが難しいことぐらいわかるだろ
こっちの身にもなってみろ!
おい坂本さん あんたそばとうどんを頼めるか?
え…
つくれるかって聞いたんだ
練習したことはあります
練習?
まあいいや
俺はそば定
…うーん
なに悩んでるんだ迷ってる時間がもったいないだろ
そばと丼が安い値段で腹一杯食えるんだ充分じゃないか
少し味が薄いくらい我慢しろよ

わかりました
俺もそれで
そば定二つです
はい
スッ
うどん定食一つと
ミニうどん
お願いできますか？
ジャッ
ジャッ
はい
うどん定と
ミニうどんです
はい

チャッ
坂本
……
あれ？
どうした？
今日のそば
いつもみたいに薄味じゃ
ないからうまいなあって
思って
今日はよく
食べるわね
ちゅる
うん！
からくないもん

ちょっといいか？
あんたあの湯切りわざとか？
えっ？
あの勝手なことをしてすみません
いや怒ってるわけじゃないんだ
理由が知りたくてな
実はそば定食を頼まれた二人は以前薄味だと言っていたのを聞いたんです
それにあの男の子はからいと…
なるほどそうだったのか

そばやうどんは袋詰めのゆで麺を温めるだけでだし汁も業務用のものだから誰がつくったってうまくもならないしまずくもならないって思ってたんだがとんだ見当違いだな
あんた偉いよ俺なんかいっぱしの料理屋に勤めてたことを鼻にかけてこんな店だから誰もうまいもんなんて期待してないだろうって決めてかかってたんだからな
そんなことないです
働いてみたいと思ったのは初めてじゃないんですただそう思うたびにうまくできないんじゃないかとかミスして迷惑をかけるんじゃないかとかありもしないことを考えてはやめてしまっての繰り返しで…
でもそれじゃダメだからって背中を押してくれた人がいて

だからここで働かせていただくことが決まった時に何か一つでも役に立つことができるようになりたくて
そうか
もしかしてあんたが言ってた練習って振《ふ》り笊《ざる》を振ることだったのか？
はい
やっぱりあんたは偉いわ俺はいつもちょっとした失敗を引きずってイライラしてばかりで…
さっきも急に休むって言われてつい大声を出しちゃって…電話を切ってから言い方がまずかったことを反省しても遅いんだけどな

終わったことをくよくよ悩んだり
ありもしないことを心配しても
しょうがないんだよな
あんたを見ててそう思ったよ
『道は開ける　新装版』PART3
「11　おがくずを挽こうとするな」
過去を建設的なものにする方法は、天下広しといえども、ただ一つしかない。過去の失敗を冷静に分析して何かの足しにする——あとは忘れ去ることだ。
数か月後
はいから食堂
いかがですか？
これで減塩なの！
だしがしっかり
きいているから
物足りなくないわね
塩からいのが苦手な子供や高齢者用に
減塩の味噌汁を選べるようにしたら
どうかと思うんです

よし！さっそく明日からメニューに取り入れよう
はい　ありがとうございます！
『道は開ける　新装版』PART3
「10　悩みに歯止めをかける」
一、現在、自分が悩んでいることは実際にどの程度の重要性があるか？
二、この悩みに対する「ストップ・ロス・オーダー」をどの時点で出して、それを忘れるべきだろうか？
三、この呼子笛に対して正確にはいくら支払えばよいのか？　すでに実質価値以上に払いすぎていないだろうか？

まとめ

「悩みの習慣を早期に断つ方法」

原著PART3と六原則の意味……

PART1とPART2で基礎を身につけ、即効性ある解決策で悩みを半減させた後は、悩み癖を断たねばならないと、カーネギーは次の目標を定めます。PART3の六つの章（第6～11章）では、物理的に悩みを追い出し、悪化に上限を設けて歯止めをかけるための具体的な方法を提示していきます。

まず第6章では、とにかく「**忙しくせよ**」、そうすると物理的に悩んでいる時間はなくなると説きます。原著では、精神科医が用いる「**作業療法**」の例も挙げられていますが、これは特段目新しいことではなく、紀元前からすでに古代ギリシアの医師が採り入れていた**古典的な手法**だと言います。

悩みの習慣を早期に断つ方法「6　心の中から悩みを追い出すには」

忙しい状態でいること。

本書六五頁の漫画シーンでは、子供を亡くした悲嘆から立ち直ったきっかけが、手話の勉強に没頭することでした。原著でも同様の例を紹介しており、我が子を二度も失った父親が、雑用や後片付け、家の修繕などの手仕事に没頭することで、生きる活力を取り戻していくさまが感動的に描かれています。ぜひ原著で読んでみてください。

この原則「忙しくする」は、ごく単純で誰にも自明のことに思えますが、そうではありません。「多忙を求め、多忙を維持するのだ。これこそ、地球上に存在する最も安価な治療薬であり、しかも絶大な効果を有するものなのだ」とカーネギーが気づかせてくれるように、この原則は人生の危機に直面した時には何より尊い助言となります。

続く第7章では、「小さなことでくよくよするな」、そんな暇はないし人生は短いと諭します。

悩みの習慣を早期に断つ方法「7　カブトムシに打ち倒されるな」

気にする必要もなく、忘れてもよい小事で心を乱してはならない。

これを本書五八頁の漫画シーンに当てはめると、悩んだ末に交通事故を起こすことに比べれば、悩んでいること自体は小事だということです。悩みの原因となった不本意な人事異動が、人生において小さな出来事とは言い切れませんが、気に病んで別のトラブルを引き寄せてしまうくらいなら、それもあえて忘れよと言っているのです。

第8章では、「平均値の法則」を適用せよとすすめています。そうすれば、たいていのことは、現実に最悪の事態に陥る確率が低いとわかります。「平均値の法則」とはいったい何のことかと、こだわる必要はなく、カーネギーが多用するたとえの一つです。今までに起きたことや記録を調べて、悩みの種《たね》が実際に起きる可能性を**数値化**して考えてみよ、ということなのでしょう。

> 悩みの習慣を早期に断つ方法「8 多くの悩みを閉め出すには」
>
> **「記録を調べてみよう」。そして、こう自問するのだ。「平均値の法則によると、不安の種になっている事柄が実際に起こる確率はどのくらいだろうか？」**

第9章は、さまざまに手を尽くしても避けようがないことなら、それも運命だと諦めるのが得策だと言います。カーネギーは、この考えを**単純な運命論ではない**と強調しています。最善を尽くした結果、万策尽きたならば、むやみに逆らうのはやめて、現実を受け入れようと言っているのです。

> 悩みの習慣を早期に断つ方法「9 避けられない運命には調子を合わせる」
>
> **避けられない運命には調子を合わせよう。**

本書六七頁の漫画シーンで言えば、避けられない運命とは夫を亡くしたことであり、いずれこの現実を受け入れなくては新たな人生に進めません。

第10章は、株取引用語の「ストップ・ロス・オーダー（逆指し値、または損切り注文の意）」を使って、悩みに上限を設けよ、功罪を差し引きして考えよと説きます。これは、**悩む行為自体を損得勘定せよ**とまで言っているのに等しく、第8章での「数値化」と同種の手法です。金額でも確率でもいいから、悩みの原因を**計数化**していくことで、冷静で客観的に考えられるようになるのでしょう。

悩みの習慣を早期に断つ方法「10　悩みに歯止めをかける」

①現在、自分が悩んでいることは実際にどの程度の重要性があるか？
②この悩みに対する「ストップ・ロス・オーダー」をどの時点で出して、それを忘れるべきだろうか？
③この呼子笛に対して正確にはいくら支払えばよいのか？　すでに実質価値以上に払いすぎていないだろうか？

本書第2話の主人公は、周囲の人に促されたり、自力での気づきもあって悩み癖を少しずつ断ち切っていきますが、この①②③による損得勘定を試みれば、より早急に道は開けたかもしれません。

なお、ここに出てくる「ストップ・ロス・オーダー」や「呼子笛」という、一見して理解しにくい用語は、これもカーネギーが多用するたとえの一つであってキーワードではありませんので、引きずられないようにしたいところです。これらのたとえ言葉は再読・復習の際に記憶を呼び起こすきっかけぐらいに考えるといいでしょう。

第11章も、「おがくずを挽くな」という言い回しで、「覆水盆《ふくすいぼん》に返らず」「こぼれたミルクを悔やんでも無駄」などの日本語と英語で同意の諺《ことわざ》にたとえています。こんな陳腐な諺がなぜ重要なのかと冷笑する人に対して、カーネギーは、**諺の意味や知識ではなく、実践することこそ重要**と答えています。現実には今も昔も、おがくずを挽いて悔やんでいる人が多い――要は、諺による教訓を誰も実践していないではないか、と言いたいのです。

悩みの習慣を早期に断つ方法「11　おがくずを挽こうとするな」

過去は墓場へと葬ろう。おがくずを挽こうとするな。

以上の通り、ＰＡＲＴ３は悩む習慣を断つための六原則でした。カーネギーは随所で、悩みと対処法を病気や処方箋にたとえていますが、それになぞらえるなら、ＰＡＲＴ１と２が急病人に対する応急処置または特効薬で、ＰＡＲＴ３は生活習慣病をゆっくり改善する漢方薬のようなものでしょうか。いくら応急処置をしても悩む習慣を改めないと、また病気がぶり返すということでしょう。

第3話

劣等感を克服する

まとめ

「平和と幸福をもたらす精神状態を養う方法」
「悩みを完全に克服する方法」

先生！
てあらい
私も真ん中で
踊ってみたい
神部《かんべ》みどり（5）
ダメだよ
みどりは！
そうよ
大きいコが前に
来ちゃダメなの！
大きいのもだけど
かわいくないのもダメ
ぎゅッ…
みどり
かわいいもん…
ねえ先生
えっ⁉

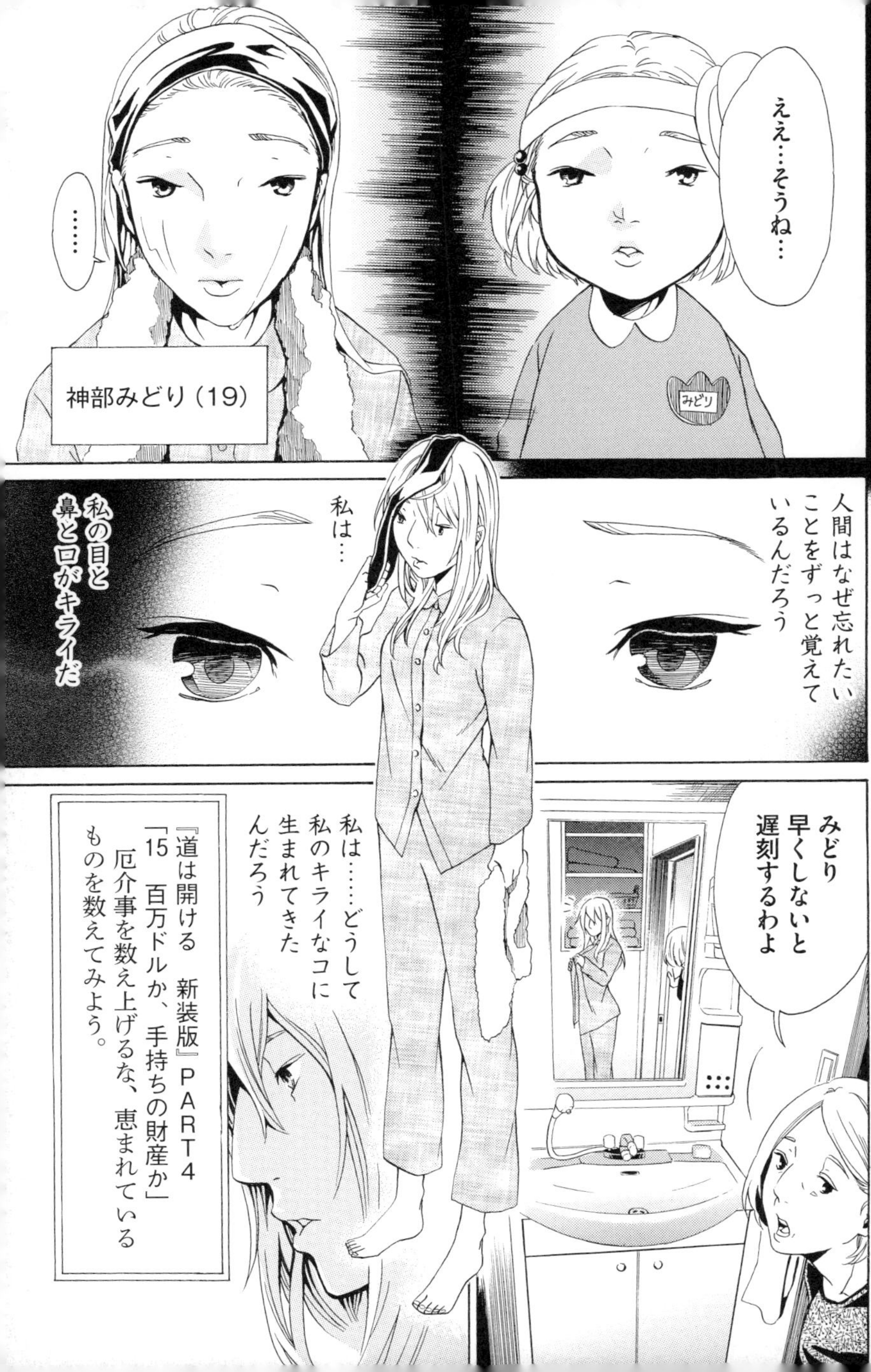
ええ…そうね…
みどり
……
神部みどり（19）
人間はなぜ忘れたいことをずっと覚えているんだろう
私は…
私の目と鼻と口がキライだ
みどり早くしないと遅刻するわよ
私は……どうして私のキライなコに生まれてきたんだろう
『道は開ける　新装版』PART4
「15　百万ドルか、手持ちの財産か」
厄介事を数え上げるな、恵まれているものを数えてみよう。

ドアが閉まります
ご注意ください
…あ
カチ
カチ
…よかったら
どうぞ
もし
このおばあさんが
魔法使いなら…
席を譲《ゆず》ったお礼に 私を私が
好きになるコに変えてくれないかしら
ごめんなさいね
ありがとう
『道は開ける 新装版』PART4
「18 二週間でうつを治すには」
他人に興味を持つことによって自分自身を忘れよう。毎日、誰かの顔に喜びの微笑みが浮かぶような善行を心がけよう。
かわいい服だな…

でも…あのコが着るからかわいいし
似合うんだろうな…
まもなく創元大学前
わっ!
ぐらっ
キキーーッ
ッだ!?
痛《い》ってぇ!
す すみません…
ごめんなさい
……
ドアが開きます ご注意ください
ねえキミ なんて名前?
失礼します
…個性的で面白い顔だったな
表情は死んでたけど
シャイなのか人見知りなのか
それにしても…俺は185センチなのに…
土井将生《どいまさき》(20)

創元大学
あのコ ヒール履《は》いてなかったよな
ドキ ドキ
ああ…びっくりした…
リーンゴーン…
おはようございます 今回はトーマス・マン『ヴェネツィアに死す』＊1 またはアルベルト・モラヴィア『軽蔑《けいべつ》』＊2 についてスピーチをしてもらいます
持ち時間は三分三〇秒から四分三〇秒 尺《しゃく》が合わなければ減点 滑舌《かつぜつ》よくウィキペディアの棒読《ぼうよ》みはしないように
では神部みどりさんから
はい…

＊1　原著1912年刊。威厳ある作家が少年の美しさに心を奪われる物語。
＊2　原著1954年刊。妻の気持ちが冷めていくのを感じた夫の苦悩の物語。

ヴェネツィアに死す
トーマス・マン著
パサ…
私はトーマス・マンの『ヴェネツィアに死す』を読みました
老作家アッシェンバッハが美しい広場と狭《せま》く入り組んだ水路のあるヴェネツィアに向かうところから
このお話は始まります
……美少年タッジオが波打ち際《ぎわ》から浜を見たその時
アッシェンバッハは神に召《め》されます
もしアッシェンバッハが完璧に美しいと感じた少年の視界の中で死んだのであれば
最高の死に方ではないかと思いました
以上です
パチ
パチ
よく読み込みましたね
ただ…

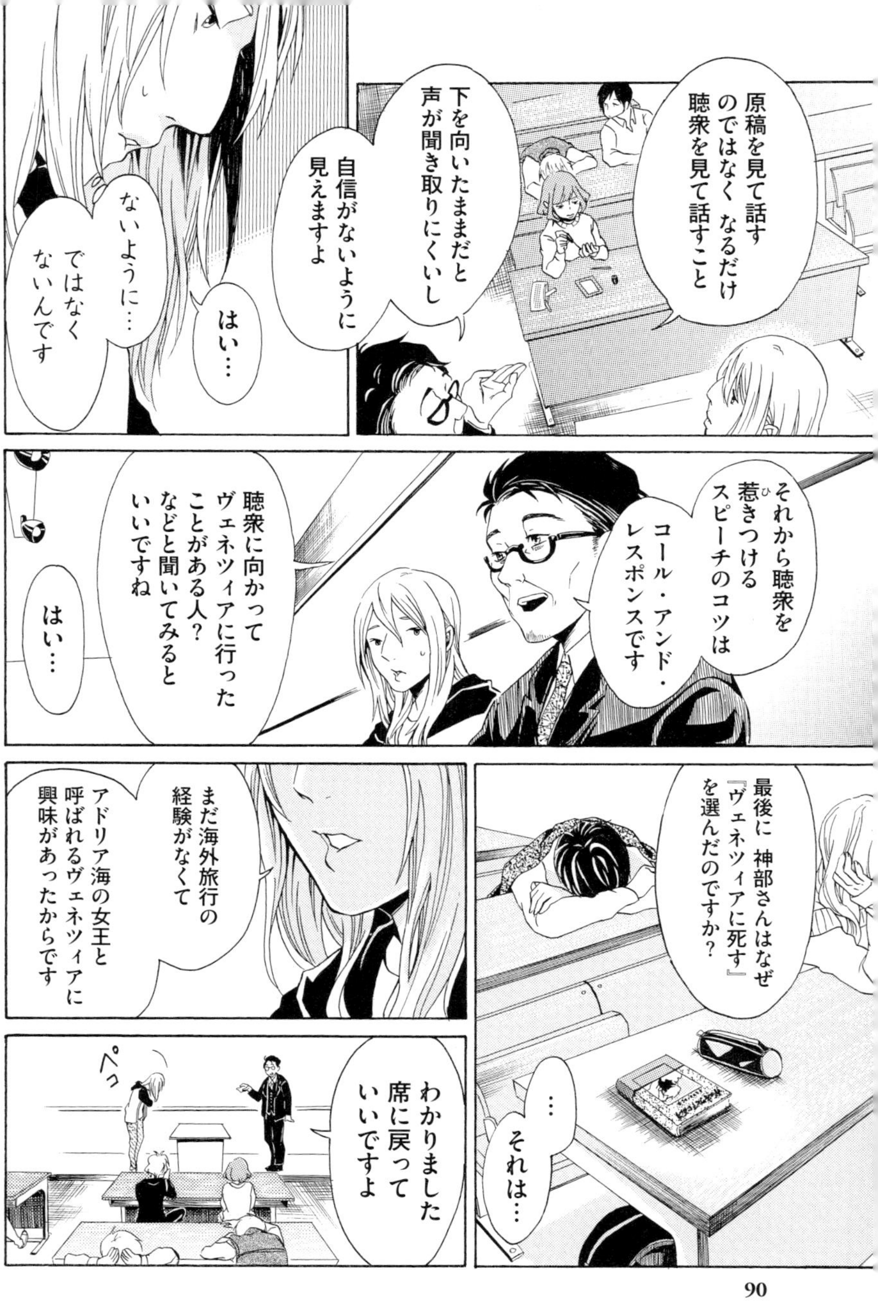
原稿を見て話すのではなく なるだけ聴衆を見て話すこと
下を向いたままだと声が聞き取りにくいし
自信がないように見えますよ
はい…
ないように…ではなくないんです
それから聴衆を惹《ひ》きつけるスピーチのコツはコール・アンド・レスポンスです
聴衆に向かってヴェネツィアに行ったことがある人?などと聞いてみるといいですね
はい…
最後に 神部さんはなぜ『ヴェネツィアに死す』を選んだのですか?
…
それは…
まだ海外旅行の経験がなくて
アドリア海の女王と呼ばれるヴェネツィアに興味があったからです
わかりました 席に戻っていいですよ
ペコ

ヴェネツィアに死す
トーマス・マン著
嘘《うそ》をついた…
本当の理由は
グレーの瞳 巻き髪
陶器のような肌…
赤いリボン付きの襟《えり》と
白の水兵服が似合う
一四歳の美少年
ダッジオが
何もかも私と正反対で
うらやましいと思ったから…
『道は開ける 新装版』PART4
「16 自己を知り、自己に徹する」
他人の真似をするな。自己を発見し、
自己に徹しよう。
リーンゴーン
ねえ神部さん
！
今日の放課後
予定ある？

えーっ キョウカ来れなくなったの？
家の用事って言ってたけど どうだかね
あのコ 抜けがけして 彼氏つくったんじゃない？
で
代わりに誰に声かけたって？
神部さん
どんなコ？
背が高くて 手足の細いコ
出席番号が あたしの次なの
それで決めたの？ あんたテキトーだね マジウケる
全部聞こえてますけど…
元大学前駅
それにしても 合コンって…
はぁ…
引き立て役ってことですね きっと
『道は開ける 新装版』PART4「17 レモンを手に入れたらレモネードをつくれ」ウィリアム・ボリソー（略）「人生で最も大切なことは利益を活用することではない。それなら馬鹿にだってできる。真に重要なことは損失から利益を生み出すことだ」

居酒屋
さっちゃん
もう一人 土井ってやつは 遅れてくるんで 先に 乾杯しようか！
賛成！
なに飲む？
イケる口《くち》？
いえ 全然
まだ二十歳《はたち》前 なので…
最初の一杯くらい いいじゃない
おいおい

一年に酒
無理強いしちゃダメでしょ
やだ♥
めっちゃタイプなんだけど!
ねえねえ神部さん席替わって
あ…うん
ここでいいじゃない
ズイッ
キミとは縁《えん》があるみたいだし
はい?

もしかして俺のこと
忘れてる？
運命の出会いかと
思ってたのにな
あの頭突《ずっ》きは
ブフッ
！
やっと思い
出して
くれたね
その節は
どうも…
本当になんと
おわびをして
よいやら……
ははは
面白いね キミ
ススス…
土井さん♥
あたし今すごく
人恋しいの～
だったら
犬飼《か》え 犬
あ…あの…
そろそろ
席替えしない？
ほかの人とも
おしゃべりして
みたいし…

いや
俺はいいよ このコの隣で
キ
ドョーン
誰が声をかけてあげたと思ってるのよ!
ちょっとくらい気を利《き》かせなさいよ
いい気になってるんじゃないわよ!
あの… 私は席どこでもいいんですけど…
どうして?
私数に入ってなかったんです
ピンチヒッターっていうか代わりに来ただけで
てことは 彼女たちはキミのことを
「連れてきてあげたのになんて恩知らず」って思ってたりするんだ
『道は開ける 新装版』PART4
「14 恩知らずを気にしない方法」
幸福を発見したいと願うなら、感謝とか恩知らずなどと考えずに、与えるという内面の喜びのために与えるべきである。

まあ おそらく
そういうこと あまり考えない ほうがいいのにね
下品とか いかがわしさとか そういうのが表情に 顔に出ちゃうんだよ
ありがとう ございました 楽しかったです
門限がありますので ここで失礼させて いただきます
ごちそうさま でした
『道は開ける 新装版』PART4
「13 仕返しは高くつく」
仕返しをしてはならない。敵を傷つけるよりも自分を傷つける結果となるからだ。(略)嫌いな人について考えたりして、一分間たりとも時間を無駄にしないことだ。

ねえねえ
飲み足りないんじゃない？
大丈夫です
女のコ一人でも安心だよ
また今度
見た目よりも足が早いんだね
ビクッ
!!
いいつから横に…
ん？さっきから
いつ気がつくかと待ってたんだけど
…すみません
二次会に行かなかったんですか？
うん
興味なかったからね
キミ以外

……
無責任にそういうことを言うから
私を敵視する人が一晩で三人も増えたんですよ
そんなことより
イラッ
私の抗議をさらっとしかも無造作《むぞうさ》に流しましたね
今度ファッションショーをやるんだけど
出ない？
……
何を言っているのか理解できません
モデルとして出演する気はないかって聞いてる
ないです
心配すんなメイクは得意だから
そこ 初めから心配してません

…聞いていいですか？
どうぞ
メイクが得意みたいですが
どうしてそういう学校に行かなかったんですか？
１８５の男がメイキャップ・アーティスト志望なんて言えなかったんだ
俺カッコつけだったから
はあ…
だけど好きなものは仕方なくて
友達が小劇場で芝居をやってて
大道具とか手伝ってるうちに出演者のメイクをやらせてもらってはっきりわかったんだ
やっぱり俺はメイクがやりたかったんだって
質問変えます

なぜ私がモデルをしなきゃならないんですか？
見つけたから…
キミを見つけてしまったから
キミこそ俺が探し求めていたモデルだキミが必要なんだ
ごめんなさい
ばッ
そういうのよくわかりません
キミは個性的で面白い顔をしている
…それはブサイクってことですか？
全然違う
ステキで魅力的になる顔って意味だ
なのにもったいない
表情が死んでる
俺にメイクさせてください
ザァ
ォォ

…で 電車 来ましたんで
タッ
モデルになってください
帰ります お疲れさまでした
ドアが閉まります
プシューー
ガッ
ギギ…
な…
ギギギギ
…お願い……しますっ!!
ぜぇぜぇ

演劇部
ここに来いって
言われたけど…
ビクッ
おっ…
待ってたよ!
お待たせしました
今回のショーのモデルを
引き受けてくれた
神部みどりさんです
グイッ
みんなに
紹介するから
今回はわが創元
大学演劇部と
山本ファッション
専門学校ファッション
デザイン学科の
コラボ・イベントです
え?
大学祭とかじゃ
ないんだ

今回の企画を提案した
山本ファッション専門学校二年の佐々木です
最初は第一次大戦後の若者文化を代表するフラッパー*1や
一九四〇年代のカバナ・ファッション*2をアレンジしたショーを企画していたんですが
いろんな人を巻き込みたいと思って高柳《たかやなぎ》さんに声をかけました
演劇部部長の高柳です
佐々木君たちが僕らの芝居を見てこの企画を持ち込んでくれました
でせっかくコラボするなら二〇世紀のファッションをテーマに芝居仕立てのショーをやることになりました
今回の企画に賛同してくれたモデルのみなさんありがとうございます
他にもさまざまな衣装を用意しますのでお楽しみに

＊1　短いスカート、ボブカットなど、従来の「貞淑な女性」のイメージを打ち破った。
＊2　明るい柄が特徴的な海辺で着るリゾートウェア。

パチ パチ
改めて ようこそ
協力して くれるよね？
なんだ これは⁉
こんな大きな帽子は通勤の敵だ！
大きな帽子をかぶるなら地下鉄料金は二倍にすべきだ！
男どもよ立ち上がれ！
我々は一致団結して公共への快適さを邪魔するものと闘うべきだ！
あのう…
ほかに帽子ないんですか？
なんか気分出ない
やっぱ麦わらじゃねえ…
まあまあ…

徐々に衣装も揃うからもうちょい辛抱《しんぼう》してよ
雰囲気に慣れた?
…アウェー感ハンパないです
ところで…
もしかして告白?
何のですか?違います
土井さんはどうしてメイキャップに興味を持ったのかなって思って
俺は女ばっかの末っ子でいろいろ実験台にされたんだ
嫌じゃなかったんですか?
うまく言えないけど姉貴《あねき》たちはおもちゃにしようとしたんじゃなく
きれいにしようと思ってくれて
優しく丁寧で…
それがすごく心地よかったんだ

私は土井さんのように何ひとついい思い出がありませんから
自分が舞台に立つなんて 今でも信じられません
っていうか 何かの間違いならいいなと
この場にいてもそう思ってます
ポッ
ほらほら また表情が死んでるよ
キミの魅力に気づかなかった人のことなんて考えなくていいんだよ
スポットライトが当たる人生なんてそうあるもんじゃないんだから
『道は開ける　新装版』PART5
「19　私の両親はいかにして悩みを克服したか」
「人間は人生を理解するためにではなく、人生を生きるためにつくられている」（サンタヤナ）

……
ガチャ
おはようございまーす
あれ？
ひとりだけ？
他の人は舞台のほうに行ってます
じゃ 先にメイクを済ませようか？

……
ほんとだ…
すごく優しくて丁寧で…
心地いい…
よし 見てごらん
ほらツケマと囲いメイクでパッチリした目になったでしょ？
ほんとだ…
ドキッ
……
私じゃないみたい…
ホントにメイクうまいんですね
くるっ
土井さ…

おはようございまーす
ガチャ
ばっ
あれ？
お二人だけですか？
はい 今のうちにちょっとメイクを…
人類の歴史はさまざまな創意工夫の歴史
なかでも女性のファッションほど劇的な変化を遂《と》げたものはない
自分を変えるってすごく難しい
それでも変わりたいのであれば
思い切って一歩踏み出すしかないのだろう…
カッ

ファッション界の
初代風雲児《ふううんじ》
ポール・ポワレ＊が
一九一〇年に発表した
ホブルスカートは
裾幅《すそはば》が狭く転倒する危険
が高いため 当時のローマ
教皇《きょうこう》ピウスから
〝恥ずべき装い《よそおい》〟
と言われたことも
ありました
パチ
パチ
思った通り
…いや
思った以上に
いい表情してるよ

＊フランスのファッション・デザイナー（1879〜1944年）。

『金閣寺』*の溝口はお寺に生まれながら吃音《きつおん》であることに劣等感を持つ
内向的な主人公です
私も劣等感が強くそういう意味では共感できる部分はありました
ふむ…
私は自分にないものを持っている人をうらやましいと感じるだけでしたが
溝口は美しいものに憧《あこが》れながら傷つけたり壊したりしてしまう
かわいさ余って憎《にく》さ百倍になってしまうタイプでした

＊三島由紀夫の代表作のひとつ。実際にあった金閣寺放火事件をモチーフに、主人公が金閣寺に放火するまでを描いた。

私はある人から背中を押してもらって…
ほんの少しだけ変わることができました
もし溝口にもそういう人がいたら物の見方や考え方を変え…
自分を変えることができたかもしれないそんなふうに思いました
『道は開ける　新装版』ＰＡＲＴ４
「12　生活を転換させる指針」
私たちが日常生活で得られる心の安らぎや喜びは、自分の居場所や持ち物や、身分によって左右されるのではなく、気持ちの持ちよう一つで決まるという点だ。外部の条件はほとんど関係がない。

みどり！
！
ちょうど いいところで会った
高柳が 次の公演に出演 してほしいってさ
いつから稽古《けいこ》？
んー
まだ脚本ができて ないから早くても 来月ぐらいかも
だったら大丈夫かな
なんだよ ずいぶん忙しそうな 口ぶりじゃないか
実はそうなの
佐々木さんから モデル頼まれてて
……
いい顔になったな
でしょ？

もう立ち止まって
うらやましいと思う
私をやめたの
これからはやりたいと
思ったことをやってみる
ことに決めたんだ
でも…
私のメイクはこれから
ずっと土井さんに
お願いするつもりだから
よろしくね！
おう！
まかせとけ！

まとめ

「平和と幸福をもたらす精神状態を養う方法」「悩みを完全に克服する方法」

原著PART4と七原則の意味……✣

PART4「平和と幸福をもたらす精神状態を養う方法」は、カーネギーにならって病気治療にたとえるなら、PART1から3までの治療段階——入院・通院を終えて、日常生活に戻ってから適用する原則です。次の段階では精神の持ちようを変えるようすすめています。このPART4には、現代で言う「**ポジティブ心理学**」の方法論と共通する部分が多々あり、ジェイムズ・アレンら自己啓発の先達《せんだつ》、アルフレッド・アドラーら心理学者・精神科医からの影響も見え隠れします。

PART4の七つの章（第12～18章）を束ねるのは、筆頭の第12章「生活を転換させる指針」で、**生活転換**がこのPARTの目的だと宣誓していることがわかります。そして章の最後に、「快活にふるまえば幸福になり、人生もうまく回るようになる」との結論（原則）に導いています。

> 平和と幸福をもたらす精神状態を養う方法「12 生活を転換させる指針」
>
> **快活に考え行動すれば自然に愉快になる。**

続く第13章以降では、悩みを生じさせる典型的な対立場面や悪感情が章タイトルに込められています。仕返し、恩知らず、嫉妬や劣等感などですが、その多くは**対人関係の中で起きる悩み**です。『道は開ける』の姉妹書である『**人を動かす**』で取り扱ってきた主題ゆえに、カーネギーが最も得意とするところで、強い説得力があります。

第13章は、自分を攻撃する敵、または嫌いな人物を設定したうえで、仕返しは損だと説きます。

> 平和と幸福をもたらす精神状態を養う方法「13 仕返しは高くつく」
>
> **仕返しをしてはならない。敵を傷つけるよりも自分を傷つける結果となるからだ。**

第14章の背景には、忘恩《ぼうおん》の輩《やから》の存在があります。感謝を期待せず一方的に愛情を振りまけと言いつつも、自分の子供が恩知らずに育たないようにしつけるべきと教示します。見返りを求めず一方的に与えるほうが精神衛生上も得だ、との含意です。

平和と幸福をもたらす精神状態を養う方法「14　恩知らずを気にしない方法」

①恩知らずを気に病む代わりに、むしろ恩知らずを予期しよう。
②幸福を見つける唯一の方法は、感謝を期待することではなく、与える喜びのために与えることである。
③感謝の念は後天的に「育まれた」特性であることを思い出そう。だから、子供に感謝の念を植えつけるためには、感謝の念を持つように子供に教えなければならない。

第15章では、自分の欠点や不幸を気にするのではなく、長所に目を向けるようすすめています。その背景にあるのは、精神を蝕《むしば》む**劣等感**です。

平和と幸福をもたらす精神状態を養う方法「15　百万ドルか、手持ちの財産か」

厄介事を数え上げるな、恵まれているものを数えてみよう。

第16章も同様に、自分らしくあれと諭しますが、人は魔が差すと**嫉妬心**に支配されがちだからです。

平和と幸福をもたらす精神状態を養う方法「16　自己を知り、自己に徹する」

他人の真似をするな。自己を発見し、自己に徹しよう。

本書第3話の主人公は、幼少時から根深い劣等感を抱え込んでおり、ここまでしつこい悩み癖なら自力で解決するのは難しいでしょう。姉妹書の『人を動かす』では、人を「ほめよ」「激励せよ」という原則が出てきますが、この主人公にも心の底から自分を励まし長所を見出してくれる存在が必要でした。『人を動かす』の実践者が『道は開ける』の読者を助ける図式も期待したい場面です。

第17章にある「レモン」には果物のほか「不快なもの」という意味もあり、両義を掛詞《かけことば》にした原則です。カーネギーが好むたとえ言葉で、それ以上の深い意味はないため、レモンという言葉にとらわれすぎないようにしてください。実際に**マイナス（欠点）をプラス（長所）に変える**のは容易ではありませんが、たとえ奏功しなくてもそう試みるだけで気持ちが前向きになると言っています。

> 平和と幸福をもたらす精神状態を養う方法
> 「17 レモンを手に入れたらレモネードをつくれ」
>
> **運命がレモンをくれたら、それでレモネードをつくる努力をしよう。**

第18章では人に善行や親切を施すと、うつすらも治ると言います。ただ、ここでは深刻なうつ病ではなく、鬱屈や気分が落ち込んだ状態ぐらいの把握で自分に適用するのが無難でしょう。この原則は**ポジティブ心理学**の方法論に最も似ています。

> 平和と幸福をもたらす精神状態を養う方法
> 「18 二週間でうつを治すには」
>
> **他人に興味を持つことによって自分自身を忘れよう。毎日、誰かの顔に喜びの微笑みが浮かぶような善行を心がけよう。**

原著PART5を応用するには……❖

PART5は「悩みを完全に克服する方法」と銘打っています。「完全に」とあるように、他の方法を実践できても、この原則を適用しなければ、欠けたピースは埋まらないと言っているかのようです。その方法とは、煎じ詰めれば**宗教、信仰、祈り**です。カーネギーの教えを日本の読者に伝える際に支障となる典型的な難点に、キリスト教と「神」を基本にした考え方があります。しかも章タイトルが「私の両親は……」となっていて、真意をつかむのに苦労します。とはいえ、その内容には自分の両親の実例だけでなく多くの人物の逸話を盛り込み、ガンジーやアラーなど異教の例も挙げ、**無宗教者でも祈りの効能はある**と説きます。ですから、日本人にも適用は可能でしょう。カーネギーは祈りの効能を次の三つにまとめています。

> 悩みを完全に克服する方法
> 「19 私の両親はいかにして悩みを克服したか」
>
> **①祈りは、私たちが何のために悩んでいるかを言葉で正確に表現する助けになる。**
> **②祈りは私たちに、自分一人ではなく、誰かと重荷を分担しているような感じを与える。**
> **③祈りは、行為という積極的な原理を強制する。これこそ行動への第一歩である。**

応用にあたっては、宗教色を出さずに、願掛けや祈念といった場面を想定すればいいでしょう。

第4話

❖

批判に向き合う

まとめ

「批判を気にしない方法」

あのなあ大塚…
大塚仁《おおつかひとし》（28）
いきなり家に来て仕事を紹介してくれってどういうことなんだ
野口大三郎《のぐちだいざぶろう》（70）
頼みます監督しか頼る人がいないんです
監督って言うな俺はお前の代で監督を引退したんだから
それで…
今度は何が気に入らなくて暴れたんだ？
違いますよ！
子供ができてからは心を入れ替えて真面目に働いてます

…会社が倒産したんです 失業保険がもらえる間に なんとか次の仕事を探そうと がんばってきたんですが なかなかうまくいかなくて…
子供…美海《みう》ちゃんだっけ いくつになった?
はい おかげさまで 五つになりました
可愛《かわい》い盛りじゃないか しょうがないなあ…
お前 免許持ってたよな
はい 野球部を引退してから すぐに教習所に行きました
取り消しとかに なってないよな?
ゴールド免許 ではないですけど
むっ

お前の先輩で塗装業をやっている男がいるんだが
運転できるやつを探してる
ルートセールスの仕事だけどやってみるか？
本当ですか？
よろしくお願いします
わかった
その代わり条件がある
条件？
俺を手伝え
キャッ
キャッ
町会長
えー
そうなの？
やだぁー

彼がこの間お話しした大塚仁です
私がDC学園の監督をやっていた頃の最後の教え子で当時は一番ショートでした
ああ…
そうそう…確かDCの暴れ馬と呼ばれていた…
思い出していただかなくて結構です
彼も社会に出て一〇年人間的にもずいぶん成長しましたから
初めまして町会長の小川《おがわ》です
野口さんといっしょに子供たちに指導をしてくださるそうで
よろしくお願いします
いえ大塚と申します

若輩者《じゃくはいもの》ではございますがどうぞよろしくお願いします
子供会の会長さんを紹介します
こちらが子供会会長の平野《ひらの》さんです
平野です よろしくお願いします
じろっ
では
さあ そろそろ集合しようか
何してるの集合でしょ
監督さんの言うことを聞きなさい

監督　この人誰？
ああ みんなに紹介しよう
今日からこのチームの
コーチをしてくれる大塚君だ
ザワ
へえ…
そうなんだあ
監督より
野球うまいの？
じゃあ 大塚コーチに
自己紹介してもらおうかな
どうも初めま…

カンチョー！
ズブッ
はうっ！
ーーーっ
アーーーーー
このクソガキ…
ブオオオオ
どうして怒らないんです？
オオ
昔の鬼監督はどこに行ったんですか
前任者が勝利至上主義のとても厳しい監督でな
口調も荒っぽくて指導についていけなくなった五年生と六年生が全員辞めてしまう事件があったんだ

だったらチームごとなくせばよかったのに…
子供会のソフトボールチームは五〇年以上の歴史があるし校区の大会も市の大会も盛んだ
おまけにまだソフトボールを続けたいという子もいる
ソフトボールをやりたがっているガキなんていましたっけ?
ふんっ
練習より遊んでいる時間のほうが長かったような気がするのは俺だけですか?
ガキはよせ
お前が考えてるより母親は自分の子供に対する口の利き方に敏感だ
クソがついていないだけ上品な言い方ですよ
まあ聞け
メンバーのリーダー格が平野義文《ひらのよしふみ》子供会の会長の息子で小学四年生
荒っぽい歓迎を仕掛けたのが四年生の島本幹典《しまもとみきのり》

それから
町会長の孫娘や
子供会の副会長の
息子もいる
四年生が七人で
あとは三年生以下だ
その中でルールを
理解しているのは？
三年生以下は
怪しい…
聞く耳を持たない
子供たちにルールを教え
バットとグラブの使い方を
説明するところから
スタートするわけですね
まさかとは思いますが
試合に勝とうなんて
思ってないですよね
そりゃお前
子供たちの応援に両親や
祖父母が大挙して
駆けつけるんだから
勝つに越したことは
ないだろうがな

ガチャ
ただいまー
トーサン お帰り
トッ
トッ
トッ
大塚の娘
大塚美海《みう》（5）
おう ただいま いい子にしてたか？
お帰りなさい どうだったの？
大塚の妻
大塚瑠璃《るり》（30）
問題だらけで どこから手を つければいいの って感じ
でも 引き受けるんでしょう？
そりゃまあ そういう 約束だからね
そんなに 嫌か？

だって土日の休みが全部なくなっちゃうんでしょ なんか母子家庭みたいだなあって思って
そう言うな 全部ってわけじゃないし ずっというわけでもないから
うわっ！ え？ 何？ どういうこと？
奥さん

どうしたんですか？
ああ　大塚君
ごめんねえ
大塚君
うちの人ったら
寝ぼけて二階の階段から
落ちちゃったのよ
…という
わけで
しばらくの間
大塚さんに監督の
代理をお願いしたいと
思っているのですが…
あの…
いいですか？
いきなりで
申し訳ないんですけど
指導経験はおあり
なんですか？

いえ まったく
それで どんなご指導を考えてらっしゃるんですか?
どんな指導って…
こういうのって青天《せいてん》のへキレキって言うんでしたっけ?
あまりに突然すぎてまだ何も考えてないんです
それはちょっと無責任すぎませんか
そうですよ! やる気があるのかないのかわからないような人に子供を預けられないじゃないですか
引き受けた限りはこういうチームにしたいという抱負や方針があってもいいと思うんですけど

いや 俺は…
俺？
じゃなくて僕は
そういうのが
嫌いなんです
理想を押しつけたり
型にはめたりとか
まずは
ソフトボールを好きになって
もらうことから
はじめるつもりです
では そのために
具体的にどのような
練習をするんですか？
そうですねぇ
とりあえず…
さぁ
全員整列するぞ

こら！何してるの
言うことを聞きなさい
監督が整列って言ってるでしょ
うるせえっ！
いや 違う…ええっと その…余計な口出しは しないでほしい みたいな感じ なんですけど…
余計な口出し？
つまり その…グラウンドで指示を出すのは 俺…じゃない 僕一人で 充分なんで そういうのは やめてもらいたいんです
どうしてですか？
命令されたり ああしろ こうしろと 言われるのは 楽しくないからです
でも そんなこと言ってたら いつまでも練習が できないじゃないですか

だったら 興味をこっちに 向けさせればいいんです
『道は開ける 新装版』PART6
「21 非難に傷つかないためには」
他人からの不当な批判を免れることはとうてい不可能だが、もっと決定的に重要なことが私にはできるということだ。つまり、不公平な批判で傷つくかどうかは私次第なのだ。
よし 俺が鬼だ 俺に捕まったやつから 整列するんだぞ
きゃー
わーーっ
ぜぇ ぜぇ
よし… 全員 揃ったな…
ふぅーーっ
さあ… ウォーミングアップも できたことだし…
キャッチボールから はじめようか
ええーっ キャッチボール？

つまらないよ バッティングにしようよ
やめろよ 島本 危ないだろ ちっちゃい子もいるんだから
何だよ 平野 いい子ちゃんぶるなよ
そんなに監督に気に入られたいのかよ
待て待て
ちょうどいい機会だから言っといてやる
俺はえこひいきはしない
キャプテンもポジションもすべて俺の目で見てふさわしいやつを選んでいく
練習もプレーも楽しんでやるのはかまわない
キ
やったね
だが
ふざけるのは絶対に許さんケガの元だからな
それとなチームワークっていうのは
仲良しのお友達同士のことを言うんじゃない

別におたがいが気に入らなくてもかまわない　ただし…気に入らないやつがいるからってそういう気持ちや態度がプレーに出るやつは使わない
つまらないことでいがみ合うなそんなことよりいい意味でおたがいに競争をするんだ
ちょっと待って！
バカなこと言わないで
そうよ　あなた　自分が何を言ってるのかわかってるの？
子供会は町内の子供たち同士の親睦《しんぼく》をはかるのが目的ですそれをあなたは…
子供会は子供会のやり方でやればいいじゃないですか
それはどういう意味？
俺は自分のチームの話をしてるんです

あなたが名門のＤＣ学園で一年生からレギュラーだったことは野口監督から聞いて知っています
でも あなたが指導するのは子供会のソフトボールチームなんですよ
球技ってスポーツは個々が興味を持って 楽しみながら好きになって レベルアップしていく
で そいつらが集まって はじめてチームとして機能していくものなんです
じゃあ お聞きしますけど チームワークは信頼から生まれるものではないんですか？
『道は開ける 新装版』ＰＡＲＴ6
「20 死んだ犬を蹴飛ばす者はいない」
蹴飛ばされたり、非難されたりした時、相手はそれによって優越感を味わおうとしている場合が少なくないことを覚えておこう。それはしばしば、あなたが何かの業績を上げており、他人から注目されていることを意味している。

ゴほんっ
でも
仲良しごっこでは
信頼は生まれません
ソフトも野球も
レギュラーとして試合に
出られるのは九人
同じように練習したからって
全員が仲良く試合に
出られるわけじゃない
だからレギュラーで
あり続けるために サブは
いつでも代われるように
自分に磨きをかける
しかないんです
それは子供会のソフトボール
でも変わらない
おたがいのそういう姿が
信頼に結びついていくと
思っているんですけどね
よーし
自分の好きな
守備位置に
ついてみろ
タタタ
おいおい
どこに行くんだ?

まだ小さいし
ルールも
わからないんで
見学させようと…
見てるだけじゃ
つまらないだろ
みんなで
ランナー役
やってみないか？
ご心配なく
このやり方なら
ゲーム感覚で
低学年の子にはルールが
レギュラーの子には
高度なチームプレーが
身につくんです

いいか 俺が打ったら 一塁ランナーは 二塁に走るんだぞ
サードゴロは 二塁に投げること
二塁には ショートが入って 捕ったら一塁へ
セカンドはショートの カバーに入る
ピッチャーゴロは キャッチャーに 送球すること
よっしゃ 行くぞ！

バシッ
うわあ…
ダメだこりゃ
ねえ
ん？ どうした？

美海《みう》が心配
してるわよ
え？
トーサン…
どっか
イタイイタイなの？
いいや
全然大丈夫だ
おはよう

練習をはじめる前に
ストレッチするぞ
こうやって
アキレス腱《けん》を
ぐっ
ぐっ
…って 聞けよ!
いいか
俺が打ったら
一人ずつ順番に
一塁に走るんだぞ
よーし
サードから行くぞ
バシッ
タッ
違う違う
一塁はあっちだ

いいか ベースランニングは 一度外にふくらんでから ベースを蹴って行くんだ
このコーンの外側から 走り抜けていく感じを 覚えるんだぞ
じゃあ はじめるぞ
お前らさ 俺の話 聞いてる?
穴が五つあるからといって 無理やり指を一本ずつ 入れなくてもいいんだよ
一つの穴の中に 薬指と小指をいっしょに 入れてもいいからね

いやいや 右手で投げるときは 右足じゃなくて 左足を前に出すんだよ
しょうがないな
こうしたほうが 使いやすいよ
こうやって 投げればいいんだよ
おう すまんな みんな 助かるよ
お疲れさまです
ありがとう ございます
大変ですね
ええ…まあ
教えてすぐに できる子ばかりじゃ ないですしね

だからといって
あきらめる気はないですよ
できなくても
練習する気があるなら
いつまでも付き合います
お風呂入ったら
パタン
先に入ってくれ
俺はあとでいい
さっきから何してるの
一人でぶつぶつと
ああ 練習メニューを
考えてるんだ
一年から四年までの
年の離れた連中を
どうすれば飽きさせないで
練習させることができるか…
ソフトのこと
ばかりね
あなたの頭の中は

え？ どういうことだ
今までだったら 週末は家族三人いっしょに 過ごせたでしょ
旅行や買い物 美海《みう》が通う 保育園の行事だって いっしょに楽しめたのに！
そんなこと 言ったって…
たかが子供会のソフトでしょ どうしてそんなに 一生懸命になれるの？
ガタッ
たかがって何だ！ 俺だって一生懸命やって…
はっ
…俺だって最初は 面倒くさいなあって 思ってた
ガキどもだって ソフトが一番好きって わけじゃないし
だったら…
でもな

少しずつうまくなるのを見てるとうれしいし面白いんだよ
教えがいがあるって言えばいいのかやりがいがあるって言えばいいのか俺にもよくわからないけど…
もういいっ！
瑠璃と美海《みう》のこともしっかり考えてるつもりだったんだけどな
ピチャン
自分はちゃんとできていると思ってたのは自分だけだったか…

コン コン
ごめん瑠璃 さっきは悪かった
これからどうすればいいか
少し話せないかな
『道は開ける 新装版』PART6
「22 私の犯した愚かな行為」
私たちは完全無欠を望めないのだから
(略)偏見がなく、有益で、建設的な批判を
進んで求めよう。
来週はいよいよ
校区大会だ
今日まで俺たちは
チーム一丸となって
精一杯 練習してきた
試合に出るのは九人だが
戦うのはみんないっしょだ
レギュラーも
サブも関係ない
みんなでチームを
盛り上げていこう

勝ち負けも大事だが
それよりもまずは
ゲームを楽しむぞ!
はい!
トーサン
カッコいいね
美海《みう》ごめんね
どこにも遊びに
行けなくて
今日はお父さんの
チームを応援しようか
三人分のお弁当も
つくってきたしね!

まとめ

「批判を気にしない方法」

原著PART6と三原則の意味……………

PART6「批判を気にしない方法」には三つの章（第20～22章）があり、これらも**対人関係の中で起きる悩み**ですから、前述のPART4「平和と幸福をもたらす……」の中に含めてもおかしくありません。しかし、批判への対処法だけで一つのPARTをなし、少なめの三つの章で構成するところには、他とは別個の重要課題と考えたいという原著者の強い意思が感じられます。カーネギー自身が『人を動かす』で大ベストセラー作家になる一方で、嫉妬含みの非難をそれこそ雨のように浴びたという背景もあるでしょう。『道は開ける』を執筆したのはそんな時期ですから、自分に言い聞かせるように書いたとも解釈できます。

第20章の章タイトル「死んだ犬を……」との比喩は日本人には理解しにくいですが、裏を返せば、攻撃されるのは元気で目立つ犬だからこそで、賛辞・嫉妬含みの批判は気に病むな、との意味です。

> 批判を気にしない方法「20　死んだ犬を蹴飛ばす者はいない」
>
> **不当な非難は、しばしば擬装された賛辞であることを忘れてはならない。**

第21章は、不当な非難はひたすら避けるしかないと言い、しかも最善を尽くした結果そうするべきで、**単なる運命論でない**のは第9章と同じです。

> 批判を気にしない方法「21　非難に傷つかないためには」
>
> **最善を尽くそう。そのあとは古傘をかざして、非難の雨が首筋から背中へ流れ落ちるのを防げばよい。**

第22章の章タイトルにある「私」は、カーネギー自身のことではなく私たち各人を意味します。批判を避けるだけでなく自己批判もし、他人の苦言も有益なら受け入れよと言って締めくくります。

> 批判を気にしない方法「22　私の犯した愚かな行為」
>
> **自分の犯した愚行を記録しておいて自分自身を批判しよう。偏見がなく、有益で、建設的な批判を進んで求めよう。**

第5話

疲れを追い払う

まとめ

「疲労と悩みを予防し心身を充実させる方法」

ドサッ
悪い
これ頼めるか?
道開市《みちひら》の
市制七〇周年イベント
企画書に
まとめてほしいんだ
使えそうな
ビジュアルも
探してもらえるかな
デザイナー
礒《いそ》部《べ》明《あきら》(21)
いや でも…
僕これから
ホームセンターの
チラシや商店街の
ポスターを
やらないと…
いける
いけるよ
礒部は
若いんだから
ささっと
片付けちゃえば
いいんだよ
トレーニングジム
FIT2
会員
募集中!
柴田っ!
お前が担当してた
会員が立て続けに
退会しているのは
どういうことだ
トレーニングジム
社長
香田勝信《こうだかつのぶ》(56)
その…
会費のわりに
効果が
出ないと
おっしゃって
それで黙って
退会させたのか
何考えてるんだ
お前は!
やる気がないん
だったら帰れ!

加藤っ！
ビク
新しい器具はどうなってるんだ
値段の折り合いがまだちょっと…
交渉もまともにできないのかお前は
もういいあとは俺がやる
香田社長新規と継続の入金状況をお持ちしました
どうかされたのですか？
ああ…いやちょっと肩がな
凝《こ》ってらっしゃるんですか？
たいしたことないよ
この近くに評判のいいマッサージルームがあるそうですよ
六〇分のコースお願いします
できれば村田先生で
看護師
西村麻衣《にしむらまい》（25）
Rの二乗
上町不動産

事務室
♪今日一日の区切りで生きよ…
オーディオCD版
D・カーネギー
道は開ける
♪一八七一年の春 一人の若者が 一冊の本を 手にして…
「Rの二乗《にじょう》」オーナー 村《むら》田《た》聡《さとし》（34）
ガチャッ
先生 そろそろ時間です
ああ そうか… ありがとう
パチン
よし
今日も一日張り切っていこう*

＊このシーンは、ラジオ・ニュース解説者カルテンボーンの毎朝の習慣にならっています（『道は開ける　新装版』PART 7「27　疲労や悩みの原因となる倦怠を追い払うには」に収載）。

お帰りなさい
西村様
ありがとうございます
夜勤明けで
さっき申し送りを終えて…
とにかく
家に帰る前に
この疲れを
村田先生に
癒《いや》してもらおう
と思って
看護師さんの
お仕事は
大変ですからね
では
目を閉じて
いつものように
まず目から
休ませて
あげてください
全身の力を
抜いて
リラックスして
力が強すぎたら
おっしゃって
くださいね
スッ
すごく
気持ち
いいです…

いかがですか？
あ…やだ…
私 寝ちゃったんだ
いいことですよ 休める時ぐらいは 積極的に 休むべきです
積極的に 休むって 面白い 言い方ですね
ヨダレ 出ちゃった…
いや 本当なんですよ
私たちの 心臓だって 常時働いている わけじゃ ないんです
収縮するたびに 一定の休止期間が あるんですから
『道は開ける 新装版』PART7「23 活動時間を一時間増やすには」
疲労と悩みを予防する第一の鉄則は――
たびたび休養すること、疲れる前に休息せよ、である。

へえ…知らなかった…
休息は疲労の回復よりも予防のために必要なんです
ああ そうだ
この間村田先生にすすめていただいたことちゃんと実践してるんですよ
ということは子猫のようになっておられるんですね
『道は開ける　新装版』PART7
「24　疲れの原因とその対策」
いつでもリラックスしていること。体を古い靴下のように、しなやかにしておこう。（略）靴下がなければ猫でもよかろう。（略）インドのヨガの行者も、くつろぐ技術を修得するには猫を見習えと言っている。
そうなんです
うちの病院には職員の休憩室があるんですけど
お昼休みはそこで楽な姿勢になって椅子に腰を下ろし無防備に力を抜いてます

ケーブルテレビの方が取材に来られました
事務室
ああ もうそんな時間か
こちらに入ってもらって
すみません おじゃまします
上町《うえまち》放送局の情報番組「気になるお店」のレポーター
TVレポーター
盛田明日香《もりたあすか》（24）
盛田明日香と申します
今日はよろしくお願いします
いえいえ どうぞ
まず お店の名前の由来からお聞かせ願えますか？
リラックスとリフレッシュのRで
その二つが二倍よりも二乗のほうが効果を感じてもらえるかなと思って

ずいぶん遅くまで営業していらっしゃる日があるとか
営業時間
ご案内
Rの二乗
そうですね
できるだけたくさんの人に来ていただけるように週二回は午後一一時まで受付しています
村田先生やスタッフの方はお疲れにならないんですか？
休憩室をご覧になります？
休憩室
うちの店では午前の営業時間と午後の営業時間の間は休息の時間なんです
あらまあ…みなさん気持ちよさそう…
食事をしてから横になるスタッフもいれば昼寝をしてから食事に行くスタッフもいます

知ってました？
休息とは何もしていないことではなく回復なんです
回復…
短時間の休息 例えば五分程度の昼寝でも疲労の予防に効果があるんです
眠れなくても目を閉じているだけでもいいんです
そういう時は座るだけでもいいんです
そうかもしれませんが横になれるスペースがある職場のほうが珍しいと思いますよ
『道は開ける　新装版』PART7
「25　疲労を忘れ、若さを保つ方法」
もし時間の余裕がなくて横になれないなら、椅子に腰をかけていても、ほとんど同じ効果を上げることができる。（略）エジプトの座像のようにまっすぐに腰をかけ、手のひらを下にして、ももの上におく。

盛田さんの一日ってどんな感じなんですか？
そうですねえ…
朝起きて家を出て…番組で使うネタを取材して
局に戻ってから打ち合わせをして台本を書き
本番でしゃべってからまた取材に出る
そんな毎日ですね

＊1〜3　これらの3シーンは、「リラックスする方法を学ぶ際に役立つ四つの提案」のうちの「二〜四」の方法にならっています（『道は開ける　新装版』PART 7「24　疲れの原因とその対策」に収載）。

上町放送局
ホッ…
はい OKでーす!
あ そうか…
この感覚なんだな 余計な筋肉を使わないって
お疲れさまでしたあ
盛田 明日香 様 控え室
座るだけでも同じ効果があるって言ってたっけ…

それから緊張と緩和
だったっけ…
『道は開ける　新装版』PART7
「25 疲労を忘れ、若さを保つ方法」
ゆっくりと爪先を緊張させ、それからゆるめる。足の筋肉を緊張させる。そしてゆるめる。全身のあらゆる筋肉を下から上へ同じ運動をさせる（略）その間、筋肉に対して「休め……休め」と言い続ける。
スー

『道は開ける 新装版』PART7
「25 疲労を忘れ、若さを保つ方法」
ゆっくりと安定した呼吸で神経を鎮める。深呼吸をする。インドのヨガの行者は間違っていない——リズミカルな呼吸は、神経を鎮めるには何よりもよい方法の一つである。
で
最後は顔だな…
『道は開ける 新装版』PART7
「25 疲労を忘れ、若さを保つ方法」
顔のしわやとげとげしさに気をつけて、それをなくそう。額の八の字や口元のしわを伸ばすこと。日に二回そうすれば、エステティック・サロンへ行ってマッサージをしてもらう必要はなくなるだろう。

キキーッ
今日もこんな時間になってしまった
ちっとも仕事が進まない
何で忙しい俺もひまなやつも
同じ二四時間なんだ
そういえば このあたりに
あるって言ってたな
評判のいいマッサージ屋が
今日も遅くなったなあ…
あの坊や何をぼーっとしてるんだ
パーーッ
われっ
あんなところにマッサージのお店があるんだ
Rの二乗
上町不動産
フラッ…

駅前通
バカ野郎！
会員募集中
大事なコンペの当日にネットカフェで寝落ちしましたで済むか！
ビクッ！
携帯電話はつながらない
アパートにはいない
書類もバックアップも見当たらないなんてありえないだろ！
もういい今日はもう帰れ！
ボソッ
使えないなぁお前

会員募集
事務室
失礼します
ちょうどよかった
校正しないといけない広告原稿と今月の支払い明細と宅配の不在通知を知らないか?
存じませんがお探ししましょうか?
頼む見つかったら教えてくれ
まだ痛みますか?
え?
ああどうってことはない
一度マッサージか整体《せいたい》に行かれたほうがいいんじゃないですか?
ひまができたらな

Rの二乗
こんな遅くでもまだ営業してるのか…
初めまして香田様よろしくお願いします
どこか気になる箇所はございますか?
肩かな右の肩が特に…
では失礼します
君がここの責任者か?
はい
その若さじゃ人を使うのは大変だろう
そうですね
使うというよりもいっしょに働くという感じでしょうか

いっしょに働くか…
いい言葉だが
若い者に権限を委譲《いじょう》するといろいろ不都合があるだろう
それなら自分でやったほうが早いし
確かなんじゃないか？
いやあ どうでしょう
私は多少の弊害《へいがい》には目をつぶっても自分の負担を減らしたいほうなので
『道は開ける 新装版』PART7「26 疲労と悩みを予防する四つの習慣」勤務中の習慣その四――組織化、代理化、管理化することを学ぼう。

負担を減らすと
いっても
トップに立つ者が
責任から
逃げていたら
かえって仕事が
たまっていくん
じゃないか?
ぐっぐっ
そうですね
やらなければ
いけないことが
たまってしまうと
面倒ですし
精神衛生上も
よくないですね
明日やるリスト
だから 明日絶対に
やらなければ
いけないことを
今日中にチェックし
優先順位をつけてから
スタッフ全員に指示する
ようにしています
『道は開ける 新装版』PART7
「26 疲労と悩みを予防する四つの習慣」
勤務中の習慣その二――重要性に応じ
て物事を処理すること。
それでも
予定外というか
思いもよらない
アクシデントが
起こることだって
あるだろう
それは確かに
そうです

そうなると
予定通りには
いかないんじゃ
ないの？
その時はまず
ぐっ
ぐっ
その問題に
ついて結論を
出します
私が決めることも
ありますし
多数決の時も
ありますが
ペンディングには
しません
もちろん
補足や修正が
必要なことも
ありますが
『道は開ける　新装版』PART7
「26　疲労と悩みを予防する四つの習慣」
勤務中の習慣その三――問題に直面した時、決断に必要な事実を握っているのだったら、即刻その場で解決すること。決断を延期してはならない。

ほかにご希望の箇所があればマッサージさせていただきますが
マッサージではないのだが…
君の机を見せてもらえないか
失礼を承知でお願いするが
事務室
どうぞ
お客様にお見せするほどの場所ではありませんが
書類や手紙はどうしてるのかね
未処理の書類はありませんし
返事が必要な手紙やメールはその日のうちに出しています
引き出しの中を見せてもらってもかまわないか？
いいですよ

そうか…
わかったよ イライラや 肩こりの 原因が
ありがとう 君のおかげだ
『道は開ける　新装版』PART7「26　疲労と悩みを予防する四つの習慣」
勤務中の習慣その一——当面の問題に関係のある書類以外は全部机上から片づけよう。
ドンッ!
す すみません…
大丈夫?
ひょっとして ご機嫌さん?
いえ お酒は飲んでません ちょっと眠れなくて…

不眠症ってこと?
そうなんです
だったら…
眠れないのに一人はつらいだろ コーヒーぐらいならごちそうするよ
え?
寄って行きなよ うちの休憩室で よければの話だけど
Rの二乗
そうか 大事な日に寝落ちしちゃったんだ
今度は失敗しないようにと目覚まし時計を買ってきて
注意を集中させてみたんです そうしたら時を刻む音が気になって 眠れなくなってしまって…
目覚まし時計から離れてみてもダメでした
ここ数日は夜が明けるまで寝返りを打ったり 部屋中を歩き回ったりしてました
もうなんか疲れてしまって…

死にたいぐらいです
大丈夫だよ
安心して
気休めはやめてください
どうしてそんなことが言えるんですか？
わかるよ僕も不眠症だから
不眠症で死んだ人はいない
死にたくなるほど君を追いつめたのは不眠症ではないんだ
不眠症について悩むことが君を不安にし苦しめている原因なんだ

03:05
僕も君と同じように眠れないことを気に病《や》んだことがある
でもいくら悩んでも治るわけじゃないから不眠症と付き合っていくことにしたんだ
『道は開ける　新装版』PART7「28　不眠症で悩まないために」睡眠不足で死んだ者はいないことを思い出そう。不眠症について悩むことが、睡眠不足以上に有害なのだ。
そんな時に偶然この本に出会った
ガサッ
無理に眠ろうとして悶々《もんもん》とするぐらいなら
仕事をしたり読書をしたりするほうが時間を有意義に*使えるよ
D・カーネギー
道は開ける

＊このシーンは、「不眠について悩まないようにするための五つのルール」のうちの「一」の方法にならっています（『道は開ける　新装版』PART 7「28　不眠症で悩まないために」に収載）。

うーん
仕事…ですか…
おやおや
仕事も壁に
ぶつかってる
みたいだね
憧れと現実は
違った?
広告やデザインの
仕事に興味があって
専門学校を卒業後に
デザイン事務所に
就職したまでは
よかったんですが…
ハァア…
いえ
一年目から
いろいろ仕事を
させてもらって…
まわりから
ほめられたり
頼ってもらえたり
するのが
うれしくて
少しでも期待に
応えようと
自分なりに
がんばってきた
つもりなんですが…
そうか
大変だったね
そうなんです
あれもできるだろう
これもできるだろうって
思われはじめてから
仕事が増えてきて…
それが重荷《おもに》に
なってしまって…

だんだん人と会う時間もなくなってきて…
好きでこの仕事に就《つ》いたのに入社した頃はやる気もあって楽しかったのに
今は全然楽しくないんです
ちょっとリラックスしようか
そのマットの上に横向きに寝てごらん
大変なのはわかるけど
楽しんでるふりはできない？
えっ？

楽しんでいる ふりをすると 実際にある程度 楽しくなって 能率が上がり
そのおかげで 君が今背負い こんでいる 負担が減るんだ
『道は開ける 新装版』PART7
「27 疲労や悩みの原因となる倦怠を追い払うには」
もしあなたが、「あたかも」自分の仕事に興味を持っているようにふるまえば、そのちょっとした仕事によって、あなたの興味には真実味が加わるであろう。そのおかげで、疲労・緊張・悩みは軽減するであろう。
そんなもの でしょうか…
例えば君 毎日行き当たり ばったりで 仕事をしてないかい?
ぐっ
ぐっ
そうかも しれません…
行き当たり ばったりで 仕事を していると
ひと仕事を 済ませたと 感じる時が ないんだ

前の日の晩にやらなければいけないことを書き出して優先順位をつけておくといい
ひとつ片付くたびに達成感が生まれるはずだよ＊
はい反対向いて
あの…
どうすれば先生みたいに前向きになれますか？
僕もそんなにたいした人間じゃないんだけど…
気が滅入《めい》ったり落ち込んだりした時は『道は開ける』を読み返すことが多いかな
新たな気づきがあったりして目の前がパッと明るくなることがあるんだ

＊このシーンは、「ボストン診療所の教室で用いられている五つの方法」のうちの「四」の方法にならっています（『道は開ける　新装版』PART 7「25　疲労を忘れ、若さを保つ方法」に収載）。

それと
やっぱり
疲れる前に
休息を
とること…
そう
君みたいな
人は
リラックスを
しなくちゃ
いけない
はい おわり
パッ
ありがとう
ございます
すごく
楽になりました
体も
心も
なんか
がんばれそうな
気がします
がんばり
すぎない
ようにね
はい
そうそう
この本
君にプレゼント
するよ
え？
いいんですか？

悩みの解決法は心理学とか哲学とか宗教など多岐《たき》にわたっていておまけに一冊読むのも大変な労力がいる
だけど『道は開ける』は数多くの専門書を読みこなした上でわかりやすく嚙みくだき整理しなおしてくれている本なんだ
小説と違って『道は開ける』は最初から順番に読まなきゃいけない本じゃない
目次を開いて興味のあるところから目を通してみるといい
ありがとうございますがんばって読んでみます
ほらほら力《りき》んじゃダメだって
そんなに気負うと逆効果だからリラックスして読むんだよ

まとめ

「疲労と悩みを予防し心身を充実させる方法」

原著PART7と六原則の意味………✣

PART7「疲労と悩みを予防し心身を充実させる方法」には六つの章（第23〜28章）があり、いずれも非常に実践的で、教則本的な印象が強い内容です。悩みの解消が主題というよりも、その一因となる疲労の除去と、気力向上を主目的としています。メンタルだけでなくフィジカルも含めたリラクゼーション法として、細かく具体的にやり方を伝授しているのも特徴で、なおかつ著名人の実践事例も数多く紹介しています。

いわばこのPART7は、実用性が高く、読む楽しさも兼ね備えた**教則本&逸話集**となっているのです。とりわけ偉人たちのエピソードが重しを利かせており、昨今数多く出版される手軽なメンタル・トレーニング本とは違って、図も絵も何もなく文章だけですが、それでも高い説得性とオリジナリティーは保たれています。

原著『道は開ける』は初版が刊行されてから約七〇年になりますが、このPART7のような趣向は、現代においても他にあまり類を見ませんし、何よりも記載内容が経年劣化していません。同類のテーマを扱った書籍と比較してみるまでもなく、これはかなり稀有なことと言えるでしょう。

最初の第23章は、昼寝でも、しばし横になっているだけでもいいから、一時間あるいは小刻みに数十分ずつでも小憩をとることを推奨しています。さすがにナポレオンの馬上の昼寝のような手垢のつきすぎた逸話はありませんが、チャーチルなど具体的な著名人の小憩の入れ方を立て続けに紹介しているのは、読んでいて非常に面白く、手軽にできそうですぐにでも実践してみたくなります。

> 疲労と悩みを予防し心身を充実させる方法
> 「23　活動時間を一時間増やすには」
> **疲れる前に休むこと。**

第24章は筋肉、特に目の筋肉をリラックスさせ、眼精疲労を除去する方法を推奨しています。また、全身のリラックス法として、本欄で勝手に名づけると「**よれよれの古い靴下**」法、または「**弛緩のコツを猫に学べ**」といった、少しユニークでありながら、とても実際的な手法が提示されています。

疲労と悩みを予防し心身を充実させる方法
「24 疲れの原因とその対策」

①いつでもリラックスしていること。
②できるだけ楽な姿勢で働くこと。
③一日に四、五回は自分を点検してみること。「私は実際以上に余計な労働をしてはいないだろうか？ 私はこの仕事と関係のない筋肉を使っていないだろうか？」
④一日の終わりに再び自問してみる。「私はどれだけ疲れているのか？ もし疲れているのなら、それは精神的労働に従事したためではなく、そのやり方のためだ」

第25章では、いわば**カウンセリング**に似た技法を用いて、**他人に話を聴いてもらうことの効能**を説いています。もし話を聞いてもらう人がいなくても、**セルフ・カウンセリング**で**ノートなどに書き留めていく方法**も提示しています。さらにもう一つ、寝る前にベッド上でできるフィジカル・リラクゼーションの手法も丁寧に紹介しています。

疲労と悩みを予防し心身を充実させる方法
「25 疲労を忘れ、若さを保つ方法」

①感銘を受けた作品のために、ノートか切り抜き帳を用意すること。
②他人の欠点にいつまでもこだわらないこと。
③近所の人々に関心を持つこと。
④今晩ベッドに入る前に明日のスケジュールをつくること。
⑤最後に、緊張と疲労を避けること。リラックスすること！ くつろぐこと！

第26章では、勤務中に心がけると良い「四つの習慣」を提案します。現在この手の趣向を真似た本は多いですが、源流は『道は開ける』でしょう。

疲労と悩みを予防し心身を充実させる方法
「26 疲労と悩みを予防する四つの習慣」

①当面の問題に関係のある書類以外は全部机上から片づけよう。
②重要性に応じて物事を処理すること。
③問題に直面した時、決断に必要な事実を握っているのだったら、即刻その場で解決すること。決断を延期してはならない。
④組織化、代理化、管理化することを学ぼう。

以上の四つの習慣のうち①と②は万人向けですが、③と④はどちらかというと企業の経営者や組織のマネジャー向きの原則になっています。この第26章は箇条書き的に短くまとめられているため、文章自体に深みはありませんが、著名人の実践事例も添えてあることで、相応の説得力があります。

第27章では、倦怠が疲れの原因だと述べます。英語版原書でも邦訳でも、章タイトルには表われていないものの、倦怠とは主に仕事上のそれを指します。仕事に興味を持ち、喜びを持って取り組むと疲れない、要は心の持ちようだと言っているのです。原著に載っている逸話で、**毎朝自分にひと鞭《むち》くれてやる**（自分を鼓舞して仕事に出かける）という**カルテンボーンの日課**は、古くさいようでいて今なお通用するのではないでしょうか。

疲労と悩みを予防し心身を充実させる方法
「27　疲労や悩みの原因となる倦怠を追い払うには」

疲労や悩みの原因となる倦怠を追い払うには、仕事に興味を持って熱意を傾けよう。

第28章は、「不眠症で悩まないために」という章タイトルですが、ここも第18章の「うつ（病）」と同様に、病状が重篤ではなく、うまく睡眠がとれない状況に悩んでいるという程度の把握で、各自適用するのが妥当でしょう。また、第19章と同様に、ここでもキリスト教や神の存在を挙げ、不眠に悩むなら祈れ、聖書の詩篇第二十三を読めとすすめていますが、これはクリスチャンでもない限り、日本の読者には向きません。ただ、それ以外の方法も豊富に示されていますから、不足はないでしょう。ここでもまた、**筋肉弛緩法**や**眼球運動**などの身体的な対処方法を複数挙げています。

疲労と悩みを予防し心身を充実させる方法
「28　不眠症で悩まないために」

①眠れない時には、眠くなるまで起きて仕事をするか、読書をしよう。
②睡眠不足で死んだ者はいないことを思い出そう。不眠症について悩むことが、睡眠不足以上に有害なのだ。
③祈る。
④体の力を抜くこと。
⑤運動をしよう。起きていられないほど肉体を物理的に疲れさせること。

原著PART8の存在意義……………❖

PART8「私はいかにして悩みを克服したか」は、PART1〜7を本編とするなら、**付録の逸話集**となっています。そのために、本書の漫画化に際して対象外としましたが、本欄では最後に、このPART8にはどういう意味が込められているかについて触れておきます。

PART8にはかなりのページ数が割かれていますが、ではなぜカーネギーはこんなに長いエピソード集を最後に添えたのでしょうか。これがなければ本の分厚さは抑えられ、もう少し読者のハードルを下げられたのではないかと思えます。邦訳の『**道は開ける　新装版**』ではPART8に七〇〇ページ以上を費やしており、これは本全体の二割のページ数に当たります。このPART8があることで、邦訳は総計四〇〇ページを超えます。かなり読書好きの人でない限り、長編小説などを娯楽で読むのでない限り、四〇〇ページを超える書籍には、特に軽めの本が受ける風潮の昨今、相当な負担感、忌避感を覚える人も多いはずです。

『道は開ける』の初版刊行から約七〇年にわたり、読者から膨大な数の反響が寄せられてきました。そこには深刻な悩みや、本に対する心からの感謝の言葉がつづられ、何枚も便箋にしたため出版社に送ってくださる方も少なくありません。このたび多くの読者からのメッセージに目を通してみてわかったのは、苦悩の渦中にあり切実に救いを求めている人にとって、悩みを脱した人々の逸話はあればあるだけ参考になるということと、読むこと自体も悩みの解決につながるということでした。そのための文章量、ページ数でもあると考えられます。やはり悩みのない人、自己解決できる人には原著『道は開ける』は不要不急であり、逆に原著を必要とする人、救いを求めて本にたどり着いた人には、PART8も大切な一部分と言えます。

解決が比較的たやすい悩みなら、原著を数日間で通読するだけで、悩みの半分は消えているかもしれません。**読書自体が効能**となるのです。カーネギーが自負を込めて語る「**時間のふるいに耐えた処方箋**」をぜひ原著でも体感してみてください。

エピローグ
すべてはこの本が支えてくれた

今日も盛況ですよ
ありがとうございます
パタン
スーパーIWAKI
スーパーIWAKI
オーナー
岩木博昭
藤瀬功一
水口亜矢子
それにしても…
あの大ピンチからよく起死回生のアイデアを思いつかれましたね
そうそう
あんな瀬戸際から頭を切り替えられる秘訣があるのなら教えてもらいたいですよ
お二人には本当にいろいろとご心配をおかけしました
そのおわびと言ってはなんですが
日頃お世話になっているお礼を兼ねてプレゼントしたいものがあるんです
今日は閉店後何か予定ありますか？

Rの二乗
お疲れさま
もう今日は予約の電話もないし終わろうか
後片付けは僕がやっとくから
「Rの二乗」オーナー 村田聡
では先生お言葉に甘えますお疲れさまでした
ちゃんと体を休めるんだよ
ドサッ
あれ？
ああそうだった…
この前プレゼントしたんだった
駅前商店街
駅前商店街
BOOK
ウィーン
え？ 本屋？
ええお二人にプレゼントしたい本があるんです

いやいや
おかしいでしょ
あの話の
流れだったら
こっちでしょ
そうですよねぇ
ス
あった
あった
あっ…
ああ
すみません
失礼ですが
あなたも
『道は開ける』
を？
ええ
そうなんです
申し訳
ありません
オススメ本
実は今
あそこにいる二人に
プレゼントするために
二冊必要なんです

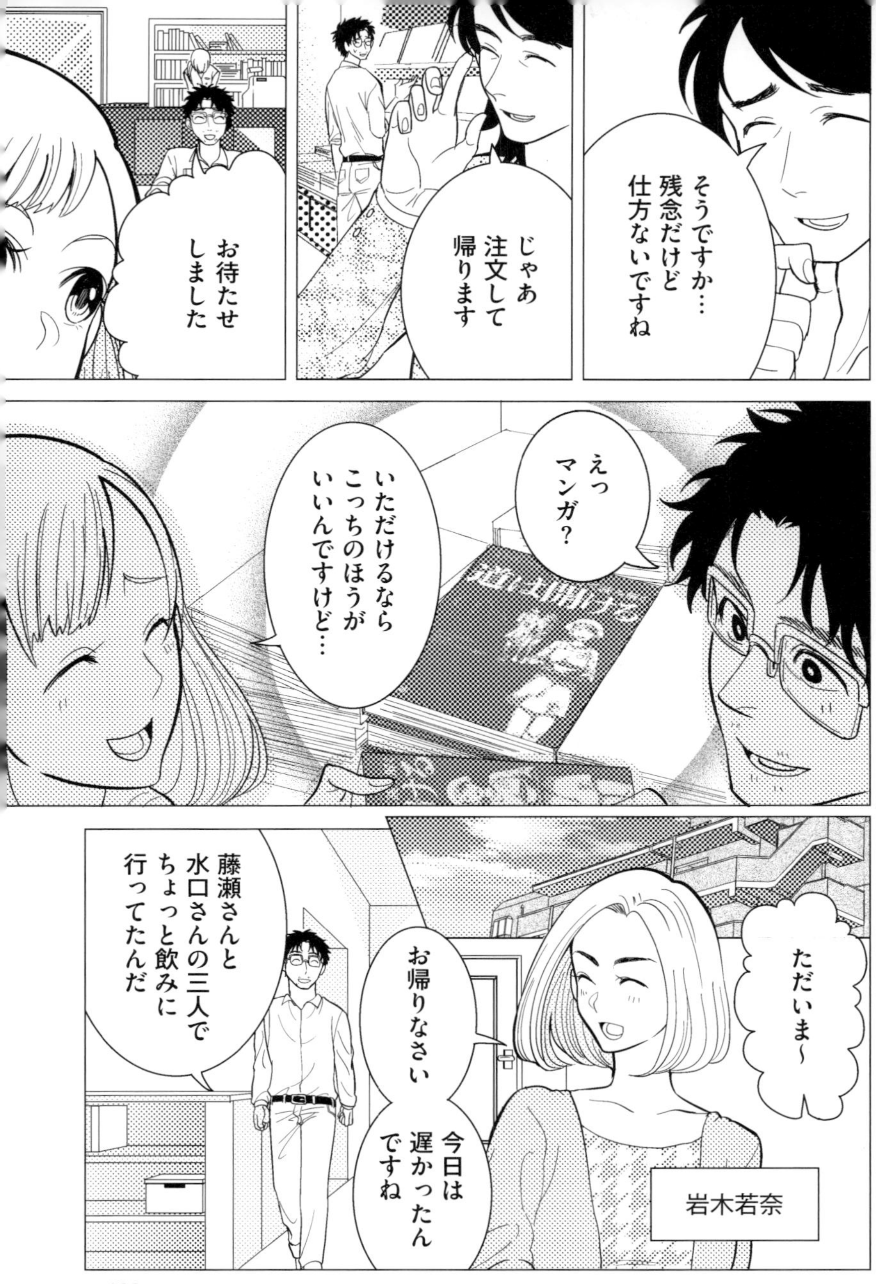
そうですか…残念だけど仕方ないですね
じゃあ注文して帰ります
お待たせしました
えっマンガ?
いただけるならこっちのほうがいいんですけど…
ただいま～
お帰りなさい
今日は遅かったんですね
藤瀬さんと水口さんの三人でちょっと飲みに行ってたんだ
岩木若奈

そうそう
井戸端会議では
リニューアル後の
スーパーIWAKI
がとってもいいって
評判上々ですよ
それは
うれしいなあ
だからって
根《こん》を詰めすぎて
悩まないで
くださいね

わかってるって
もう大丈夫だよ
悩んだ時は
あの本があるし
ふぇぇぇぇん
ふぇぇぇん
話し声で
起きちゃったの？
ごめんね
パパはもう
悩まないって
すごい人
でちゅねー
悩まない
なんて言って
ないんだけど…

『道は開ける　新装版』PART8
「私はいかにして悩みを克服したか」

皆さんにも本書を熟読されることをおすすめしたい。常にベッドの脇において、各自の問題に応用できる箇所には線を引いておくとよい。その部分を研究し、利用しよう。本書はいわゆる「読む本」ではない。新生活に進むための「案内書」なのである！

巻末資料

『道は開ける』28原則一覧

悩みに関する基本事項

1　過去と未来を鉄の扉で閉ざせ。今日一日の区切りで生きよう。

2　悩みを解決するための魔術的公式

①「起こり得る最悪の事態とは何か」と自問すること。

②やむをえない場合には、最悪の事態を受け入れる覚悟をすること。

③それから落ち着いて最悪状態を好転させるよう努力すること。

3　悩みのために支払う健康への法外な代償を思い起こそう。悩みに対する戦略を知らない者は若死にする。

悩みを分析する基礎技術

4　悩みの分析と解消法（次の質問に自問自答せよ）

①私は何を悩んでいるか？

②それに対して私は何ができるか？

③私はどういうことを実行しようとしているか？

④私はそれをいつから実行しようとしているか？

5　仕事の悩みを半減させる方法（次の質問に自問自答せよ）

①問題点は何か？

②問題の原因は何か？

③いくとおりの解決策があって、それらはどんなものか？

④望ましい解決策はどれか？

悩みの習慣を早期に断つ方法

6 忙しい状態でいること。

7 気にする必要もなく、忘れてもよい小事で心を乱してはならない。

8 「記録を調べてみよう」。そして、こう自問するのだ。「平均値の法則によると、不安の種になっている事柄が実際に起こる確率はどのくらいだろうか?」

9 避けられない運命には調子を合わせよう。

10 悩みに歯止めをかける（次の質問に自問自答せよ）

①現在、自分が悩んでいることは実際にどの程度の重要性があるか?

②この悩みに対する「ストップ・ロス・オーダー」をどの時点で出して、それを忘れるべきだろうか?

③この呼子笛に対して正確にはいくら支払えばよいのか? すでに実質価値以上に払いすぎていないだろうか?

11 過去は墓場へと葬ろう。おがくずを挽こうとするな。

平和と幸福をもたらす精神状態を養う方法

12 快活に考え行動すれば自然に愉快になる。

13 仕返しをしてはならない。敵を傷つけるよりも自分を傷つける結果となるからだ。

14 恩知らずを気にしない方法

①恩知らずを気に病む代わりに、むしろ恩知らずを予期しよう。

②幸福を見つける唯一の方法は、感謝を期待することではなく、与える喜びのために与えることである。

③感謝の念に後天的に「育まれた」特性であることを思い出そう。だから、子供に感謝の念を植えつけるためには、感謝の念を持つように子供に教えなければならない。

15 厄介事を数え上げるな、恵まれているものを数えてみよう。
16 他人の真似をするな。自己を発見し、自己に徹しよう。
17 運命がレモンをくれたら、それでレモネードをつくる努力をしよう。
18 他人に興味を持つことによって自分自身を忘れよう。毎日、誰かの顔に喜びの微笑みが浮かぶような善行を心がけよう。

悩みを完全に克服する方法

19 悩みを完全に克服する方法
① 祈りは、私たちが何のために悩んでいるかを言葉で正確に表現する助けになる。
② 祈りは私たちに、自分一人ではなく、誰かと重荷を分担しているような感じを与える。
③ 祈りは、行為という積極的な原理を強制する。これこそ行動への第一歩である。

批判を気にしない方法

20 不当な非難は、しばしば擬装された賛辞であることを忘れてはならない。
21 最善を尽くそう。そのあとは古傘をかざして、非難の雨が首筋から背中へ流れ落ちるのを防げばよい。
22 自分の犯した愚行を記録しておいて自分自身を批判しよう。偏見がなく、有益で、建設的な批判を進んで求めよう。

疲労と悩みを予防し心身を充実させる方法

23 疲れる前に休むこと。
24 疲れの原因とその対策
① いつでもリラックスしていること。
② できるだけ楽な姿勢で働くこと。

③一日に四、五回は自分を点検してみること。「私は実際以上に余計な労働をしてはいないだろうか？　私はこの仕事と関係のない筋肉を使っていないだろうか？」
④一日の終わりに再び自問してみる。「私はどれだけ疲れているのか？　もし疲れているのなら、それは精神的労働に従事したためではなく、そのやり方のためだ」

25

疲労を忘れ、若さを保つ方法

①感銘を受けた作品のために、ノートか切り抜き帳を用意すること。
②他人の欠点にいつまでもこだわらないこと。
③近所の人々に関心を持つこと。
④今晩ベッドに入る前に明日のスケジュールをつくること。
⑤最後に、緊張と疲労を避けること。リラックスすること！　くつろぐこと！

26

疲労と悩みを予防する勤務中の習慣

①当面の問題に関係のある書類以外は全部机上から片づけよう。
②重要性に応じて物事を処理すること。
③問題に直面した時、決断に必要な事実を握っているのだったら、即刻その場で解決すること。決断を延期してはならない。
④組織化、代理化、管理化することを学ぼう。

27

疲労や悩みの原因となる倦怠を追い払うには、仕事に興味を持って熱意を傾けよう。

28

不眠症で悩まないために

①眠れない時には、眠くなるまで起きて仕事をするか、読書をしよう。
②睡眠不足で死んだ者はいないことを思い出そう。不眠症について悩むことが、睡眠不足以上に有害なのだ。
③祈る。
④体の力を抜くこと。
⑤運動をしよう。起きていられないほど肉体を物理的に疲れさせること。

（D・カーネギー『道は開ける　新装版』〈創元社刊〉より、各章末に掲載されている「原則」、または本文中の要点を抜き出し、一部を補筆・再編集したうえで一覧にしました。悩みを克服する要諦をまとめたエッセンスといえるものです）

原作　デール・カーネギー
脚本　歩川友紀《あゆかわゆうき》
漫画　青野渚《あおのなぎさ》・たかうま創《はじめ》・永井博華《ながいひろか》
（青野渚作画＝第1・5話・エピローグ、
たかうま創作画＝第2・4話、
永井博華作画＝第3話）
装丁　上野かおる

D・カーネギー
マンガで読《よ》み解《と》く 道《みち》は開《ひら》ける
二〇一六年三月二〇日　第一版第一刷発行
発行者　矢部敬一
発行所　株式会社 創元社
〈本　社〉〒五四一-〇〇四七
大阪市中央区淡路町四-三-六
電話（〇六）六二三一-九〇一〇㈹
〈東京支店〉〒一六二-〇八二五
東京都新宿区神楽坂四-三　煉瓦塔ビル
電話（〇三）三二六九-一〇五一㈹
〈ホームページ〉http://www.sogensha.co.jp/
組版・印刷　はあどわあく／図書印刷

ISBN978-4-422-10116-3　C0011

創元社刊●カーネギー関連書

新装版 **道は開ける**　D・カーネギー著、香山晶訳 (電)(オ)(特)(文)

新装版 **人を動かす**　D・カーネギー著、山口博訳 (電)(オ)(特)(文)

新装版 **カーネギー話し方入門**　D・カーネギー著、市野安雄訳 (電)(文)

新装版 **カーネギー名言集**　ドロシー・カーネギー編、神島康訳

新装版 **カーネギー人生論**　D・カーネギー著、山口博・香山晶訳

新装版 **リーダーになるために**　D・カーネギー協会編、山本徳源訳

新装版 **自己を伸ばす**　A・ペル著、香山晶訳

新装版 **人を生かす組織**　D・カーネギー協会編、原一男訳

セールス・アドバンテージ　D・カーネギー協会編、J・O・クロムほか著、山本望訳

D・カーネギー・トレーニング　パンポテンシア編

13歳からの「人を動かす」　ドナ・カーネギー著、山岡朋子訳

人を動かす2——デジタル時代の人間関係の原則　D・カーネギー協会編、片山陽子訳 (電)(オ)

マンガで読み解く **人を動かす**　D・カーネギー原作、歩川友紀脚本、青野渚・福丸サクヤ漫画 (電)

マンガで読み解く **道は開ける**　D・カーネギー原作、歩川友紀脚本、青野渚・たかうま創・永井博華漫画 (電)

（(電)=電子書籍版、(オ)=オーディオCD版、(特)=特装版、(文)=文庫版もあります）